"十三五"国家重点出版物出版规划项目

|文|化|建|设|卷|

当代中国文化对外传播

EXTERNAL COMMUNICATION OF
CONTEMPORARY CHINESE CULTURE

陆 静 著

中国财经出版传媒集团
经济科学出版社
Economic Science Press

图书在版编目（CIP）数据

当代中国文化对外传播/陆静著.—北京：经济科学出版社，2019.2（2022.9 重印）

（中国道路·文化建设卷）

ISBN 978-7-5218-0282-5

Ⅰ.①当… Ⅱ.①陆… Ⅲ.①中华文化-文化传播-研究 Ⅳ.①G125

中国版本图书馆 CIP 数据核字（2019）第 032822 号

责任编辑：崔新艳
责任校对：刘　昕
责任印制：李　鹏

当代中国文化对外传播

陆　静　著

经济科学出版社出版、发行　新华书店经销
社址：北京市海淀区阜成路甲 28 号　邮编：100142
总编部电话：010-88191217　发行部电话：010-88191522
网址：www.esp.com.cn
电子邮件：esp@esp.com.cn
天猫网店：经济科学出版社旗舰店
网址：http://jjkxcbs.tmall.com
北京季蜂印刷有限公司印装
710×1000　16 开　11.25 印张　150000 字
2019 年 2 月第 1 版　2022 年 9 月第 2 次印刷
ISBN 978-7-5218-0282-5　定价：40.00 元
（图书出现印装问题，本社负责调换。电话：010-88191510）
（版权所有　侵权必究　打击盗版　举报热线：010-88191661
QQ：2242791300　营销中心电话：010-88191537
电子邮箱：dbts@esp.com.cn）

《中国道路》丛书编委会

顾　　　问：魏礼群　马建堂　许宏才

总　主　编：顾海良

编委会成员：（按姓氏笔画为序）

　　　　　　马建堂　王天义　吕　政　向春玲
　　　　　　汪林平　陈江生　季正聚　季　明
　　　　　　竺彩华　周法兴　赵建军　逄锦聚
　　　　　　姜　辉　顾海良　高　飞　黄泰岩
　　　　　　傅才武　曾　峻　魏礼群　魏海生

文化建设卷

主　　　编：季正聚

《中国道路》丛书审读委员会

主　任：吕　萍

委　员：（按姓氏笔画为序）
　　　　刘明晖　李洪波　陈迈利　柳　敏
　　　　樊曙华

总　　序

中国道路就是中国特色社会主义道路。习近平总书记指出，中国特色社会主义这条道路来之不易，它是在改革开放三十多年的伟大实践中走出来的，是在中华人民共和国成立六十多年的持续探索中走出来的，是在对近代以来一百七十多年中华民族发展历程的深刻总结中走出来的，是在对中华民族五千多年悠久文明的传承中走出来的，具有深厚的历史渊源和广泛的现实基础。

道路决定命运。中国道路是发展中国、富强中国之路，是一条实现中华民族伟大复兴中国梦的人间正道、康庄大道。要增强中国道路自信、理论自信、制度自信、文化自信，确保中国特色社会主义道路沿着正确方向胜利前进。《中国道路》丛书，就是以此为主旨，对中国道路的实践、成就和经验，以及历史、现实与未来，分卷分册做出全景式展示。

丛书按主题分作十卷百册。十卷的主题分别为：经济建设、政治建设、文化建设、社会建设、生态文明建设、国防与军队建设、外交与国际战略、党的领导和建设、马克思主义中国化、世界对中国道路评价。每卷按分卷主题的具体内容分为若干册，各册对实践探索、改革历程、发展成效、经验总结、理论创新等方面问题做出阐释。在阐释中，以改革开放四十年伟大实践为主要内容，结合新中国成立近七十年的持续探索，对中华民族近代以来发展历程以及悠久文明传承的总结，既有强烈的时代感，又有深刻的历史感召力和面向未来的震撼力。

丛书整体策划，分卷作业。在写作风格上，注重历史和现实相贯通、国际和国内相关联、理论和实际相结合，对中国道路的重大理论和实践问题做出探索；注重对中国道路的实践经验、理论创新做出求实、求真的阐释；注重对中国道路做出富有特色的、令人信服的国际表达；注重对中国道路为发展中国家走向现代化的途径、为解决人类问题所贡献的中国智慧和中国方案的阐释。

在新中国成立特别是改革开放以来我国发展取得的重大成就基础上，近代以来久经磨难的中华民族实现了从站起来、富起来到强起来的历史性飞跃，焕发出强大生机活力，迈进中国特色社会主义道路发展的新时代。在新时代建设社会主义现代化强国的新的历史征程中，中国财经出版传媒集团经济科学出版社、中国特色社会主义经济建设协同创新中心精心策划、组织编写《中国道路》丛书有着更为显著的、重要的理论意义和现实意义。

《中国道路》丛书 2015 年策划启动，2017 年开始陆续推出。丛书 2016 年列入"十三五"国家重点出版物出版规划项目、主题出版规划项目，2017 年列入国家"90 种迎接党的十九大精品出版选题"，2018 年获国家出版基金资助。

《中国道路》丛书编委会
2018 年 12 月

目 录

第一章 文化与传播 ………………………… 1

一、文化 / 1

二、传播 / 7

三、文化与传播 / 16

四、文化传播方式 / 19

第二章 当代中国文化对外传播的理论阐释与意义 …… 25

一、当代中国文化 / 25

二、对外传播 / 32

三、当代中国文化对外传播的重要意义 / 39

第三章 中国文化对外传播实践 ………………………… 46

一、古代中国文化的对外传播 / 46

二、近现代中国文化的对外传播 / 49

三、当代中国文化的对外传播 / 51

第四章 当代中国文化对外传播的成就与经验 ……… 59

一、当代中国文化对外传播的成就 / 60

二、当代中国文化对外传播的经验 / 70

第五章　当代中国文化对外传播中需要解决的问题……76

　　一、内容问题 / 76
　　二、文化自信问题 / 79
　　三、人才问题 / 83
　　四、产业化模式问题 / 85
　　五、市场营销问题 / 88
　　六、话语权问题 / 90
　　七、评估与反馈机制问题 / 92

第六章　西方发达国家文化对外传播的经验…………95

　　一、对外传播主体广泛化 / 95
　　二、对外传播载体多样化 / 97
　　三、对外传播形式多元化 / 103
　　四、对外传播基础系统化 / 105

第七章　当代中国文化对外传播策略……………109

　　一、当代中国文化对外传播的基本原则 / 110
　　二、当代中国文化对外传播的基本策略 / 119

结语 ………………………………………………160

参考文献 / 164

第一章

文化与传播

一、文　化

（一）文化的内涵

"文化"一词，虽仅有两个字，但内涵丰富，外延广泛，难有众所公认的定论。这一方面在于文化本身的复杂性，另一方面则在于不同国家、不同民族以及不同学科背景下有不同的解读和阐释。"文化"一词最早源自拉丁文，被解释为耕作土地，包括栽种、培植、收获全过程的每个已经确认的步骤，或者称为发生在土地上的与农作物播种、收获有关的规律、规则。在东方，"文"又同"纹"。"纹"即纹理，"文"能形成"纹"，成为一些图案，是因为是有规则的。"化"作为后缀，表示某种性质和状态。所以，"文化"的古意之一是发生在土地上耕作、播种、收获的形式，后来慢慢归结为礼节仪式。另外，"文化"的古意之二是"人文教化""以文教化"的意思。《周易·象传》有"观乎天文，以察时变；观乎人文，以化成天下"，"文化"由此转义为对人的思想、情感乃至整个精神世界的培养和化育。

可以说，"文化"一词，来自于"土地"规则，而后又延伸至各个学科，成为一个非常复杂的概念。从古希腊、古罗马时期开始，众多智者都试图从不同角度解释、丰富"文化"的内涵，这一方面使"文化"的概念更加多元，另一方面也导致了"文化"概念的模糊性。英国文化研究学者威廉斯（Raymond Williams）认为"文化"一词是英语语言中最为复杂的词汇之一。据统计，有关"文化"的各种不同的定义至少有200多种。

尽管如此，不同的专家学者还是从各自的专业领域和研究视角对文化进行了探索。1871年，英国人类学家爱德华·泰勒（Edward B. Tylor）第一次给文化下了明确定义，认为文化是一个综合体，其中包括知识、信仰、艺术、法律、道德、习俗以及作为社会成员的人们掌握的其他能力和形成的习惯。[①] 美国学者奥格本（Ogburn）认为：文化可以被认为是人类社会产品的积累，包括物质对象的使用、社会制度和行为方式。美国著名文化学者、人类学家露丝·本妮迪克特（Ruth Benedict）则从民族生存方式的角度对文化做了界定，她认为，文化是通过某个民族的活动而表现出来的一种思维和行动方式，一种使这个民族不同于其他任何民族的方式，[②] 强调了文化作为一种民族生存方式和思维方式视角的理解。英国学者威廉斯同样认为，文化是对某种特定生活方式的一种描述，它表达了某些意义和价值标准，这些意义和价值标准不仅仅存在于艺术和学问中，也存在于各种制度和日常行为中。[③] 还有的学者透过文化的内涵和价值，看到了文化的重要作用。比如，威廉·里弗斯（W. H. R. Rivers）认为，各族的联系及文化融合，是各种导致人类进步的力量的主要推动力。美国社会学家阿尔温·托夫勒（Alvin Toffler）也在他的《第三次浪潮》一书中作了深刻的阐述。荷兰管理学教授杰尔特·霍夫施

---

① 覃光广等主编：《文化学辞典》，中央民族学院出版社1988年版。
② ［日］绫部恒雄：《文化人类学的十五种理论》，国际文化出版公司1988年版，第9～10页。
③ Raymond Williams, The Long Revolution, Chatto & Windus Ltd., 1961, P. 41.

泰德（Geert Hofstede）把文化称作"大脑的软件"，认为文化是人类思想和行为的指南，是解决问题的工具。① 前美国驻日本大使詹姆斯·戴·霍奇森（James Day Hodgson）则把文化描述成"丛林"。② 这些概括看到了文化的工具性。

我国的一些学者对文化的内涵也有不同的表达。思想家、哲学家梁漱溟在《东西文化及其哲学》中说："你且看文化是什么东西呢？不过是那一民族生活的样法罢了。"这里的生活样法，就是各类生活方式，可以理解为文化是生活方式的综合。在《梁漱溟全集》中，作者提到，所谓文化不过是一个民族生活的种种方面：（1）精神生活方面，如宗教、哲学、科学、艺术等，其中宗教、文艺是偏于感情的，哲学、科学是偏于理智的；（2）社会生活方面，我们对于周围的人（家族、朋友、社会、国家、世界）之间的生活方法都属于社会生活的一个方面，如社会组织，伦理习惯、政治制度及经济关系；（3）物质生活方面，如饮食、起居种种享用，人类对于自然界求生存的各种方面。③ 可以看到，梁漱溟先生对文化的概括比较全面。现代哲学家张岱年在《中国文化与文化论争》中提出，文化是人类在处理人和世界关系中所采取的精神活动与实践活动的方式及其所创造出来的物质和精神成果的总和，是活动方式与活动成果的辩证统一。④ 在其《文化与哲学》一书中，他还指出，文化即人类改造自然同时改变人性的一切成就。⑤ 管理哲学家成中英认为，文化

---

① Geert Hofstede, Culture's Consequer.ces, 2nd ed. (Thousand Oaks, CA: Sage, 2001); Susan P. Douglas, Exploring New Worlds: The Challenge of Global Marketing, Journal of Marketin, January 2001, pp. 103 – 109.

② James D. Hodgson, Yoshihiro Sano, and John L. Graham, Doing Business in the New Japan, Succeeding in America's Richest Foreign Market (Latham, M D: Rowman & Little field, 2008).

③ 《梁漱溟全集》（第1卷），山东人民出版社1989年版，第339页。

④ 张岱年、程宜山：《中国文化与文化论证》，中国人民大学出版社1990年版，第2页。

⑤ 张岱年：《文化与哲学》，教育科学出版社1988年版，第270页。

是人类的生活、活动或活动所表现的形式。也就是人在全体生活中经由思考所创造出来的生活方式和生活工具,借此而实现人之为人的价值。① 著名的文化学者余秋雨把文化理解为"一种包含精神和生活方式的生态共同体","它通过积累和引导,创建集体人格。"② 社会学家更多地从生活方式的角度来理解文化,他们认为,每一个社会都有自己的文化:自己的信仰模式,自己的伦理实践、价值和生活方式,自己的制度等——所有这些都是在变化的、动态的历史过程中形成和再形成的。③ 还有学者从符号系统的角度定义文化。陈国明认为,文化是指导个人行为与引导个人成为团体一分子的一组共同分享的符号系统。④ 霍桂桓从文化软实力角度来定义文化:这种具有动态性的、不断发展变化的、作为"人化"过程的"文化"过程本身,实际上就是某一民族国家通过其特有的文化吸引力,潜移默化地对其他民族国家成员的精神世界施加特定影响的过程。⑤

对于文化的界定多元复杂,总体涉及思想领域、生活方式、行为方式、生活环境等层面。本书综合以上观点认为,文化是人类所创造的一切物质性成果和精神性成果的集合。当代中国文化对外传播中的文化就是这样一个文化综合体,其中,精神性成果的对外传播,尤其是价值观层面的文化内核是我们文化对外传播的核心和关键。

(二) 文化的基本类别

多样化的文化内涵带来了差异性的文化基本类别。本书在结

---

① [美]成中英:《中国文化的现代化与世界化》,中国和平出版社1988年版,第58页。
② 余秋雨:《何为文化》,长江文艺出版社2012年版,第8页。
③ 转引自[美]杨克勤:《孔子与保罗》,华东师范大学出版社2010年版,第76页。
④ 陈国明:《跨文化交际学》,华东师范大学出版社2009年版,第24页。
⑤ 霍桂桓:《简论"文化与人化"和"从文化软实力角度来看"的关系》,载于《西安交通大学学报》(社会科学版)2009年第3期,第5页。

合文化多元定义的基础上，将文化依据两种不同的标准分为不同的类别。

1. 文化的广义与狭义之分。

文化是人类社会实践中所创造出的一切物质财富与精神财富的总和，按照文化的这一界定，将文化分为广义和狭义两部分。

从广义上来说，文化包括物质文化、精神文化、制度文化和行为文化等各个组成部分，其中精神文化是文化的核心部分。

（1）物质文化。

物质文化是人类所创造的物质财富或物质性成果。比如，树木、泥土、河流是自然存在，但人类依据自己主体的意念、意向将这些自然存在变成桌椅、石板路，人工开凿成运河等，这些便成为人类所创造的物质性成果。因而，以自然为素材，按照人类意愿去进行塑造、改造和创造，便构成了人类的物质文化。伴随着人类科学技术水平的提高和改造自然能力的提高，许多创造性成果未必是还能够看得见摸得着的"物质"，但它依然属于物质性成果。从这个意义上讲，"物质文化"也可以称为"物态文化"或器物文化。

（2）精神文化。

精神文化是人类在思想、精神、心理、意识领域所创造的精神财富的总和。思维方式、道德意识、知识、信仰、法律、宗教、艺术等精神性成果的创造都是其重要组成部分。其中，价值观念是精神文化的核心。与物质文化相对照，精神文化往往是看不见也摸不着的。精神文化潜藏于人的灵魂深处，正如思想家与哲学家所公认的那样，会思考并创造出精神性产品成果已经成为人与动物之间极为重要的区别。在以价值观念为核心的精神文化世界里，由于价值观念千差万别，所以精神文化非常丰富、复杂。与物质文化可衡量、可鉴定、可比较的明确标准系统不同，精神文化最不易说清楚，也最不易量化并形成标准，精神文化之间（包括个体、群体、国家、民族的精神文化）的差异与不可比较，是文化构成中最为复杂丰富的一个部分。当前国际社会文化产品的价值冲突更多的也是这一层次文化的冲突。

（3）制度文化。

制度文化是人类为了进行生产和生活而达成的某种关系和制度的总和。人类有了相应的物质生产，就会在物质生产的过程中结成关系、产生一定的社会往来，在这样的社会往来中又常常会涉及相互之间的利益纠葛。因而，在产生物质文化的基础上，就有必要形成一种制度文化，以协调和规制这些利益纠葛。制度最早就是一种规则、规范和约束。制度文化是人类为了更好、更有效地协调自身的生产和生活而形成的，它的内涵层面极为丰富、复杂，既包含宏大的社会制度（社会形态），如原始社会、奴隶制社会、封建社会、资本主义社会、共产主义社会等几个主要形态，也包含同一类社会制度下更细微的制度文化，甚至包含不同事业、行业领域的制度文化。

（4）行为文化。

行为文化是直接受物质文化、制度文化和精神文化影响的文化，一般由价值取向、行为方式和行为环境三个要素构成。[①] 行为方式是人们的具体行为，而人们选择什么样的具体行为受一定价值取向的指引。同时，在一定价值取向下的行为又总是处于一定的社会环境之中，也就是行为环境。所有这些又可以构成为一个大文化。在日常生活中，行为文化是人际交往中约定俗成的以礼俗、民俗、风俗等形态表现出来的行为模式，比如婚丧嫁娶的风俗、饮食风俗、节日风俗等。

狭义的文化则是指精神文化的创造与成果，是人类精神活动及其产品的总称。

人们通常将广义文化称为"大文化"，而将狭义文化称为

---

① ［荷］丰斯·特龙彭纳斯、［英］查理斯·汉普登特纳著，关世杰译：《在文化的波涛中冲浪》，华夏出版社2003年版，第23页。

"小文化"。

2. 文化的核心、外围与中间之分。

文化具有多样性,不同种类的文化积淀的特征不同。有的文化处于变动之中,有的文化则相对稳定。根据文化延续时间的长短我们可以把文化划分为核心层、中间层和外围层三个层面。

核心层文化是指在历史上延续性最强的文化,比如语言、风俗习惯、道德、宗教和部分思维方式、生活方式。这一部分的文化积淀最深,他们在历史上延续得时间最长,一般的政治历史事件、王朝的更替、社会的变迁都不会带来这一层面文化的变动。

中间层文化是指在历史上延续一段时间才发生变化的文化。在历史上,法律、政治制度、部分思维方式和生活方式等总是在新旧交替的一段时期内才发生变化,比如前朝的法律、思维方式、生活习惯等。

外围层文化是指与人们的衣食住行相关的、经常变动的文化。这部分的文化积淀最浅,它总是跟随社会的风向、舆论的指向、大众的口味等不断变化(如大众艺术、流行风尚、潮流设计等),是变动最为频繁的文化层次,也是文化中最容易进行产业化的部分。我们经常说的"文化产业"大多是这一层面的文化内容。

当代中国对外传播中的文化虽然是广义中的大文化传播,但在传播过程中要注重从物质文化等广义文化层面向精神文化等狭义文化层面转换,要注意从中间层、外围层向核心层转变,实现当代中国主流文化和价值观的对外传播与交融。

二、传 播

(一) 传播的内涵

传播与生俱来,没有不传播的世界,没有世界不传播。传播是人类社会的基本问题之一。但是,"传播"这一词汇并不是一开始就有的,而是经历了"传"与"播"的辨析与融合。

"传播"是一个古老的概念。在中国古代典籍中,与"传播"相近的词有"传""播""布""流""宣""扬"等。这些词在用于描述人类信息交流的现象时有细微的差别。通常,"传"表示纵横地传播,"播"表示广泛地传播,"布"表示伸展地传播,"流"表示连续地传播,"宣"表示庄重地传播,"扬"则是宏大地传播。"传"与"播"合成为"传播"一词使用大约在1400年前,《北史·突厥传》记载"传播中外,咸使知闻",[①]含义为长久而广泛地宣布、传扬。元代时也见使用。《宋史·贺铸传》中有"所谓词章,往往传播在人口",此义已与今义相近。

关于传播是什么,不同的传播学者有不同的理解和定义。以下从不同学科领域进行总结和阐释。

社会学角度的传播主要强调传播的社会关系性,把传播看作人与人关系得以成立和发展的基础。美国社会学家库利(Coolcy)在其1909年出版的《社会组织》一书中指出,传播指人与人关系赖以成立和发展的机制——包括一切精神象征及其在空间中得到传递、在时间上得到保存的手段。它包括表情、态度和动作、声调、语言、文章、印刷品、铁路、电报、电话以及人类征服空间和时间的其他任何最新成果。[②]

符号学角度的传播主要强调传播的内容,认为"传播"是符号的流动。美国符号学创始人皮尔士(Peirce)有这样一段论述:"直接传播某种观念的唯一手段是像(icon),即使传播最简单的观念也必须使用像。因此,都必须包含像或像的集合,或者

---

① 方汉奇:《中国近代传播思想的衍变》,载于《新闻与传播研究》1994年第1期,第79~87页。
② Coolcy, Charles Horton, Social Organization: A Study of the Larger Mind, Charles Soribner's Sons, New York. 1929, P. 45.

说是由表明意义的符号构成的。"这里的"像"其实就是符号，认为符号是精神内容的传播载体。同样，美国传播学者伯纳德·贝雷尔森（Bernard Berelson）认为，所谓传播，即通过大众传播和人际传播的主要媒介……所进行的符号的传送。

从信息学角度而言，传播是通过讯息和符号的转化实现受众对意义与信息的捕捉。传播学集大成者威尔伯·施拉姆（Wilbur Schramm）在《传播是怎样运行的》中写道，当我们从事传播的时候，也就是在试图与其他人共享信息——某个观点或某个态度……传播至少有三个要素：信源、讯息和信宿。[1]

综上，传播同样是一个具有多重内涵的概念，无论怎样界定，都离不开相应的传者、受者、媒介以及这些传播因素对传播结果的影响。因而，总体来看，传播是指处在社会系统中的人类应用一定的媒介进行的信息交流，这种交流往往伴随着一定传播效果的发生。[2]

（二）人类传播的演进

传播是人的传播，人是传播的主体。根据文化的定义，文化是人所创造的一切物质性和精神性成果的总和。有了人类，就有了人类的创造性活动，从这个意义上说，人类传播的演进过程就是一部人类的文化传播史。

阿尔温·托夫勒在其著作《第三次浪潮》中以"三次浪潮"来比喻人类社会的发展和巨大变革。第一次浪潮是农业社会的变革，人类从原始状态走向以灌溉为基本特征的农业社会，在这一浪潮中，一批经济上自给自足的封建国家诞生了。第二次浪潮开始于18世纪以蒸汽机的发明和使用为标志的工业革命。在此次

---

[1] Schramm, How Communication Works, The Process and Effect of Mass Communication, University of Illinois, Urbana, 1954.
[2] 周鸿铎：《传播学教程》，中国书籍出版社2010年版，第4页。

浪潮中，由于机械的发明和使用，人类开始由农业社会走向工业社会。最为突出的是，发明了电报、电话，将人类社会带入第三次浪潮。第三次浪潮开始于 20 世纪 40 年代以来的信息革命。卫星电视、无线电话和互联网等高科技电子技术的发展使人们真正做到了相距千里，却可以感到"近在咫尺"。1962 年，加拿大著名传播学家马歇尔·麦克卢汉（Marshall McLuhan）提出"地球村"概念，这一概念一经提出就饱受诘难。然而，进入 21 世纪，数字化生存、信息高速公路、电脑空间、网络世界等无不证明麦克卢汉的精准预言。在这样的浪潮进程中，起关键作用的是传播媒介的演进与发展。人类传播的演进与发展既是一部人类的文化传播史，又是一部媒介技术发展史。

1. 第一次传播革命——口语传播时代。

大约距今 35000 年前，语言开始形成。语言的产生是人类第一次传播革命的直接推动力。因为有了语言，人类个体的经验才能得以交流，为社会成员所共享；因为有了语言，上一代的知识才能传授给下一代，成为子孙后代的精神财富。关于语言的产生，传播学家和语言学家均作了不同程度的猜测。目前被多数人公认的语言起源理论是恩格斯的"语言起源于共同劳动"。随着人类语言能力的成熟以及实践的需要，人类的语言越来越丰富、完善。

语言天然具有传播的特性，它一经产生，就在不同的区域内开始传播。在中世纪的雅利安部落就流行着行吟诗人的传播，这些行吟诗人本身是口语传播的产物，又是促进口语传播的一个重要因素。行吟诗人拿着简单的乐器向人们传播历史知识和故事，传播自己的见闻等，可以说他们是活的书本，从某种意义上说，他们还是新闻工作者。此外，古罗马的元老会议、古希腊的各城邦议会的辩论、印度及其他国家宗教的传播等，都是依靠口语进行传播的。口语传播维系了社会，促进了社会文明的发展，为我们今天的文明奠定了基础。口语传播方式对人类传播的发展具有深远意义。

2. 第二次传播革命——文字传播时代。

文字的出现实现了人类传播史上第二次巨大飞跃，把人类推向了更高的文明阶段。关于文字的产生，中国最早流传着仓颉造字的传说，但是比较公认的说法是，文字是在原始图画和结绳记事的基础上发展而来的。

大约 5000 年前，两河流域、埃及、中国等地开始出现文字。公元前 4000 年左右，古代两河流域和埃及出现了最早的象形文字。大约 3500 年前，我国殷朝出现了甲骨文。在殷墟出土的甲骨有 10 万多片，这些甲骨上刻写的单字近 5000 个。甲骨文已经是有着严格规范的文字，有象形、形声、假借的区别，主要是记录当时农业、畜牧业的状况。公元前 1700 年，居住在波斯湾以北的苏美尔人发明了楔形文字。后来，出现了字母表音文字。公元前 1200 年左右，希腊发展出了完整的字母文字系统，并且不断使之简化、标准化，之后在罗马得到进一步改进。

有了文字，就有了记载文字的载体和工具。早期记载文字的载体是多种多样的。陶器（公元前 25 世纪至公元前 20 世纪）、甲骨（公元前 16 世纪至公元前 11 世纪）、青铜器（公元前 21 世纪至公元前 5 世纪）、石片、简牍和帛书等都是记载文字的重要载体。文字的产生使人类可以记载资料和文献，打破了语言的时空限制，拓展了人类交流和活动的空间。

3. 第三次传播革命——印刷传播时代。

印刷是指以纸张为载体、通过印刷手段传播文字信息的传播媒介。印刷传播媒介的产生和发展大致可以分为造纸术的发明、雕版印刷术的发明和活字印刷术的发明三个阶段。印刷术产生以前，人类社会的信息是难以大规模复制的。造纸术和印刷术的发明促进了文化的传播与保存。

印刷术的发明使人类能够大量复制文字信息，文字信息处理的速度加快了。印刷媒介的产生改变了人们的生活习惯,促进了社会的变革,极大地推动了社会的进步,正如施拉姆所说的,书籍和报纸同18世纪欧洲启蒙运动是联系在一起的。报纸和政治小册子参与了17世纪和18世纪所有的政治运动和人民革命。[①]因此,印刷传播从某种意义上可以说是文字传播的深化,印刷传播扩大了文字传播的规模和范围,这种扩大不仅是人类传播空间和时间范围的扩大,而且是人类思想文化距离的拉近。随着印刷技术以及印刷媒介的不断进步,报纸、日报、便士报先后出现,更进一步扩大了文化对外传播的范围。

4. 第四次传播革命——电子(大众)传播时代。

电子技术的进步带来了人类历史上的第四次传播革命,人类进入电子传播时代,文化传播的范围实现了空间和时间的突破,进入了国际传播时期。在这一时期,较重要的事件主要有:1840年发明了有线电报,电讯传播信息开端;1876年发明了电话,人类的口头传播伸展到更为广阔的空间;1877年发明了留声机,从此声音突破了时间障碍,人类第一次将声音记录下来;1895年,马可尼完成了无线电事业;1920年,世界上第一个电台KDKA在美国的匹兹堡正式开播;1936年,英国建立了世界上第一座正规的电视台;20世纪50年代以后,电视在全世界迅速普及;1962年,美国首次发射"电星一号"卫星,专门用于传播电视节目,电视开始进入太空的时代。在麦克卢汉看来,电报、电话、电影、广播、电视等媒介都是信息传播的媒介或工具,而"媒介即人体的延伸",这些媒介是人类视觉和听觉的延伸。诸多电子媒介的出现进一步丰富了人们的生活,给人们创造了了解世界的新途径,人类真正进入到以电子媒介为载体的大众媒介传播时代。

---

① 威尔伯·施拉姆等著,何道宽译:《传播学概论》,中国人民大学出版社2010年版,第18页。

5. 第五次传播革命——网络、手机传播时代。

网络的出现开启了人类传播史上的第五次革命，人类进入网络传播时代。

最近几十年，随着电子产品和通信网络的迅速发展，互联网逐渐崛起，同时，依托于互联网络的短信、手机等迅速成长，与报刊、广播、电视等传统媒体共同发挥着传播的功能。目前，手机不仅能够上网冲浪、搜索，而且能够通过微博、QQ、微信等客户端进行文化传播，成为文化传播的重要载体。可以说，目前我们所处的时代正是手机传播与网络传播双向互动融合的时代，传统媒体与现代媒体在融合发展中不断拓展传播渠道。

施拉姆曾用"最后7分钟"的比喻来说明人类社会传播发展的简要历程，在他看来：

> 如果人类的历史共有100万年，假设这等于一天。
> 1天＝100万年；1小时＝41 666.67年；1秒钟＝11.57年。
> 那么这一天中，人类文明的进展如下：
> 晚上9点33分，出现了原始语言（10万年前）；
> 晚上11点，出现了正式语言（4万年前）；
> 晚上11点53分，出现了文字（3500年前）；
> 午夜前46秒，古登堡发明了近代印刷术（1450年）；
> 午夜前5秒，电视首次公开展出（1926年）；
> 午夜前3秒，电子计算机、晶体管、人造卫星问世（分别为1946年、1947年、1957年）。

因此，施拉姆说："这一天的前23个小时，在人类传播史上几乎全部是空白，一切重大的发展都集中在这一天的最后7分钟。"正是这"最后7分钟"谱写了人类历史的黄金时期，而午夜前的最后3秒则翻开了人类迈进信息化社会的新篇章。

(三) 传播的基本类型

不同的划分标准带来不同的传播类型，但各种传播类型并不截然分割，很多情况下，几种传播方式往往同时存在并相互作用。传播类型的分类是相对的。这里根据传播范围、传播关系、传播规模将人类传播活动分为人内传播、人际传播、组织传播和群体传播等类型。

1. 人内传播。

人内传播就是人自我的传播，又称为内向传播，其主体为自我，是自我的思考与交流。孔子所说的"吾日三省吾身"就是人内交流与碰撞，是人们在不断接收外部信息的同时，实现对内心自我的刺激和权衡，以不断调整自己的外部行为及对外表达。人无时无刻不处于自我传播之中，即使在梦中也不曾停止。人们常说的"日有所思，夜有所梦"便是一种无意识的自我传播活动。

人内传播一般是在隐蔽状态下进行的。人们通过自我传播能够实现对自我的清醒认识，获得信息增值，是一种特殊的传播方式。

2. 人际传播。

"际"顾名思义就是"之间"的意思。人际传播就是人与人之间的传播。人际传播是社会生活中最直观、最常见、最丰富的传播现象。谈话、书信往来、打电话、发邮件、手机短信、QQ、微信、社交平台互动、弹幕等，都属于人际传播的范畴。人际传播相对于人内传播是多样性的，这种多样性反映了社会生活的多样性。

3. 组织传播。

组织传播的主体是组织。美国传播学者威廉·怀特（William H. Whyte）曾把大部分社会成员称为"组织的人"。每个人都从属于一定的组织（团体），整个社会就是由无数个组织构成的。正因为人都生活在组织之中，所以必然会发生组织传播。组织有规模大小之分，有的组织成员多，有的组织成员少，但一般而言，组织传播的规模大于人际传播。

组织传播既有组织内部的传播，又有组织与组织之间的传播。前者称为组织内传播，后者称为组织外传播。组织内传播主要是组织的信息传播和文化传播，组织外传播不仅包含组织文化传播，更主要的是包含组织形象传播。

4. 群体传播。

群体传播又称为团体传播，是指人们在"群体"范围内进行的信息交流活动。群体传播不同于组织传播，这主要因为"群体"与"组织"不同。首先，从形成的途径来看，群体往往是自然形成的；而组织则是按照社会契约人为地建立的。其次，从成员的互动来看，群体成员的互动规范并不是很严格，组织成员的互动是严格按照规章制度进行的，并形成文字。最后，从结构以及层次来看，群体在结构上显得松散，是非结构性的；而组织则具有一种权威的分层体系。因此，群体传播是指在某一无组织的群体范围内进行的信息传播活动，是介于人际传播和组织传播之间的一个信息交流层次。

除了以上分类，根据传播的行为取向和施力程度不同，可将传播分为强势传播与柔性传播。强势传播也可称为刚性传播，其传播态度和行为方式以刚性为主；柔性传播正好相反，其传播态度和行为方式以柔和、内敛的方式为主。美国学者约瑟夫·奈（Joseph Nye）曾宣称：美国比其他任何国家都拥有更多的传统刚性权力资源，并拥有意识形态和制度上的柔性权力资源，借此维护它在诸多新兴领域的领导地位。冷战的胜利、美国文化和价值观念的全球化等，都是通过新闻、电影、娱乐、广告等软实力手段得以实现的。[1]

---

[1] ［美］约瑟夫·奈著，何小东等译：《美国定能领导世界吗》，军事译文出版社1992年版。

根据传播媒体的发展及其特征，可将传播分为传统传播和现代传播。传统传播无非是语言、文字、印刷等类型的传播方式。现代的传播则基于电子信息技术的广泛应用，包括互联网、手机等线上传播方式。

根据目标受众面的大小与性质，还可以将传播分为大众传播和分众传播。大众传播就是传播组织通过现代化的大众传播媒介——报纸、广播、电视、电影、杂志、书籍、网络、手机、多媒体客户端等，对极其广泛的受众进行的信息传播。分众传播则是从受众心理、受众需求出发，向不同的受众传递不同的信息，实现传播的窄化、精细化和针对性。

此外，根据传播的地理区域，又可以将传播分为国内传播和国际传播两个层面。国内传播的范围较小，主要侧重于信息的内部交流和融合。国际传播又称为跨文化传播，是指跨越国界、在不同文化之间进行的传播。

三、文化与传播

文化与传播是天然地结合在一起的。跨文化传播学的创始人爱德华·霍尔（Edward Hall）曾有过精辟的论述，他指出，文化即传播，传播即文化。[①] 美国学者拉里·萨莫瓦尔（Larry A. Samovar）认为，文化是传播的同义词，实际上二者在很大程度上同构、同质。[②]

（一）文化的传播性是其天然的属性

文化一经产生便处于不断的流动变化之中，如果没有文化的

[①] ［美］爱德华·霍尔著，刘建荣译：《沉默的语言》，上海人民出版社1991年版，第206页。

[②] 肖小惠：《传媒批评》，黑龙江人民出版社2002年版，第99页。

交流与传播，把自己同外界封闭起来，把"本文化"与"他文化"割裂开来，任何文化都不会葆有生机和活力，最后都将终结和消亡。事实上，停滞、僵死的文化是不存在的，即使存在也终将走下文化的舞台。文化要具有传播的天然属性，才能在传播过程中实现宣传、教育、娱乐等功能。文化的传播性是文化首要的和基本的属性，文化的其他一切功能都是在这一属性的基础上发展起来的。

（二）传播是促进文化变革和创新的活性机制

从"文化"一词的来源来说，"文化"最初是一个动词，意为"以文化之"。如何"化"，传播是基本的手段和工具。著名社会文化学家陈序经在评价文化发展的"传播论"和"创造论"观点时指出，文化的发展不只是依赖于创造，而且依赖于模仿与传播。[①] 每一种文化形式和每一种社会行为的表现，都或明晰或含糊地涉及传播。美国学者詹姆斯·凯瑞（James W. Carey）提出传播的仪式观，认为传播的最高境界是建构并维系一个有秩序、有意义、能够用来支配和容纳人类行为的文化世界，传播是共同信仰的创造、表征和庆典，即使有的信仰是虚幻的。[②] 传播是促进文化新陈代谢、保持文化机体良性循环的重要手段，是文化的内在属性和基本特征。

（三）现代大众媒介是连接文化与传播的桥梁

文化一经产生就处于传播之中，传播使文化获得长久的生命力。那么连接文化与传播之间的桥梁是什么呢？那就是媒介，尤其是现代大众媒介。现代大众媒介是文化走向大众的物质与技术

---

① 陈序经：《文化学概观》，中国人民大学出版社2005年版，第357页。
② ［美］詹姆斯·凯瑞著，丁未译：《作为文化的传播》，华夏出版社2005年版，第19页。

载体。以印刷出版、广播、电视和互联网为代表的大众媒介的出现，使文化的批量化生产成为可能，使传播的效率和质量得到质的飞跃，使普通大众分享到普遍的文化权利。

（四）文化与传播的交融、互动带来了文化的媒介化和媒介文化的出现

随着大众传播技术的不断发展，报纸、广播、电影、电视和互联网等各种媒介成为人们日常生活中不可或缺的部分，这些多元化的大众媒介以多样化的传播形式实现着文化的交流与融通。一方面，媒介通过意识形态发挥作用，在很大程度上塑造着人们的文化价值和文化意识，影响着社会的文化观，这就是文化的媒介化。另一方面，媒介的文化传播总是受到一定媒介机构相应制度规则的约束，而且媒介又总是处于"把关人"的把关之下。马尔库塞（Marcuse）曾深刻指出，大众媒介乍看是一种传播信息和提供娱乐的工具，但实质上不发挥思想引导、政治控制等功能的大众媒介在现代社会是不存在的。[①] 媒介技术的发展与社会统治阶级之间有着密切的联系，媒介技术本身就是预先按照统治者的意志和需要设计出来的，包含了一种统治的先验性和控制的欲望。[②] 媒介的文化传播总是处于一定的文化规则约束之下，这样就实现了媒介的文化化，形成了媒介文化，从而丰富了文化的内涵和层次。

总之，文化的产生与发展、变迁与转型、差异与冲突、整合与创新、生产与再生产都与传播紧密关联。文化研究学者约翰·费斯克（John Fiske）和劳伦斯·格罗斯堡（Lawrence Grosberg）认为，将文化转化成为社会产品的过程就是传播，文化不但是传播的内容，还是传播的手段。反之，通过传播的过程，也完成了

[①][②] ［美］赫伯特·马尔库塞著，张峰、吕世平译：《单向度的人：发达工业社会意识形态研究》，重庆出版社1993年版，第7页。

文化的对外拓展。在新媒体时代，多元化媒介不仅反映我们的外部世界，同时也建构我们的思维方式、生活习性和文化价值观。传播与文化是一种共生关系。

四、文化传播方式

人类发展的历史也是传播的历史。文化传播更是随着人类的产生而产生、随着社会的发展而发展的。

关于文化传播的相关概念与理论研究，中国传媒大学周鸿铎教授认为，文化传播是人们社会交往活动过程中产生于社区、群体及所有人与人之间共同关系之内的一种文化互动现象。[①] 人们通过一定的方式传递知识、信息、观念、情感和信仰，与此相关的所有社会交往活动都可视为文化传播。文化通过各种各样的方式实现着文化之间的交流与传播。自古至今，文化传播的方式多种多样，按照时间顺序和传播媒介的发展可以笼统地分为传统传播方式和现代传播方式两种。

（一）传统传播方式

传统传播方式最突出的特征就是其传播手段的"传统性"，传播媒介是人类最基本的生产生活活动，如商业贸易、移民迁徙、战争、宗教等，在这些活动的进行中不自觉地实现了文化的传播与发展。

1. 自然传播。

文化的自然传播是伴随着人类在自然中求生存、求发展的过程中产生的。水是生命之源，人类的生存和迁徙大多沿着江河、湖泊、森林和草原的交接线进行。迁徙的人群与原住民进行交

[①] 周鸿铎：《文化传播学通论》，中国纺织出版社2008年版，第18页。

流,就会产生跨文化传播,这就是文化的自然传播。

我国的长江、黄河,中东的底格里斯河和幼发拉底河,非洲的尼罗河,欧洲的爱琴海,甚至是远东的白令海峡等,都属于这样的文化传播通道。人类在大自然中求生存、求发展的时候就实现了人类文明的自发传播,并逐步形成了大河文化、森林草原文化和海岸文化等不同的文化类型。自然传播是人类文化传播最基本的一种方式。

2. 商业贸易传播。

商品经济的发展使不同文化地区的商道成为跨文化传播的通道。商贸传播的主要目的是盈利,但在这个过程中也伴随着文化传播。我国历史上著名的丝绸之路就是一条具有文化传播意义的国际通道。丝绸之路把古老的中国文化、印度文化、波斯文化、阿拉伯文化和古希腊、古罗马文化连接起来,促进了东西方文明的交流。历史上的茶马古道同样也推动了川藏和滇藏地区的文化交流,衍生出了茶马文化、马邦文化等。今天,我国所倡导的"一带一路"也同时具有商道传播和文化传播的功能。

有学者曾深刻地指出,用商品来充当文化传播的载体进行文化传播更有效率,因为商品对每个人来说都是公平的,谁是商品上的强者,谁就是文化上的主导者。全球的商业贸易既是贸易往来,又是文化交流。

3. 移民传播。

移民传播是群体或群体中的一部分通过自发的或者是有组织的迁徙带来的文化传播。德国人文地理学家拉采尔(Ratzel)从人文地理的角度研究文化,认为文化要素是伴随着民族迁徙传播出去的。移民传播主要分为自发的移民和政府强制移民两种。自发的移民主要基于移民自身的觉悟和对美好生活的向往,在移民过程中不自觉地实现着文化的交流与融合。

我国古代最突出的自发移民有三次。第一次是"永嘉之乱"时期。西晋晋惠帝时,朝廷腐败,发生八王之乱。大量人口从中原迁往长江中下游,南渡持续两个世纪之久,这是中国古代出现的第一次人口南迁高潮,也是中国历史上第一次南北大融合,史称"永嘉之乱,衣冠南渡"。第二次是"安史之乱"时期。唐玄宗在位晚期,安禄山、史思明叛乱,造成百万人南迁,从根本上改变了中国人口分布以黄河流域为重心的格局,我国南北人口分布比例第一次达到均衡。第三次是"靖康之乱"时期,金军攻破北宋都城东京,俘虏了宋徽宗、宋钦宗父子。之后的连年战争中,黄河流域成为主要战场,每次大的战争都造成黄河流域大量居民向长江流域迁徙,浙江、江苏、湖北、四川等是当时的主要迁徙地,这是北宋末年最大规模的人口迁徙。

在近代,比较突出的人口迁徙是明清两代至民国期间的三次人口迁徙,分别是"闯关东""走西口""下南洋"。通过闯关东,百姓们把关内先进的生产方式、深邃的孔孟思想带到了广袤无垠的关东地区。"走西口"将中原的农耕、贸易、文化、物产等直接送到了封闭落后的边远少数民族地区,在当地形成了具有山西特色的移民文化。晋文化作为农耕文化的一部分,通过人口迁徙,与当地的游牧文化相融合,形成富有活力的多元文化。"下南洋"以中原和两广人士为主,到达包括当今东盟十国在内的广大区域。"下南洋"揭开了近代中国与世界接触的帷幕。

现代最为突出的人口迁徙是城镇化和新型城市化进程中的民工潮和城乡居民流动,这样的人口迁徙推动了城镇与农村文化的交流与碰撞。

除了人们的自发流动迁徙外,有时各国政府、地区或一些政治权力机构出于经济、政治和社会发展的整体考虑,会鼓励移民甚至强制移民,造成更大范围的跨文化传播。从世界历史看,美洲、澳洲等地的开发及其新的文化共同体的形成,都是大规模移民的结果。我国的三峡工程建设以及相应的大规模移民,都带来了不同地域之间的文化传播和交流。每一次大规模的人口迁徙都意味着大规模的文化传播,都会对当时当地的经济、政治、文化产生极大的影响。

4. 战争传播。

战争是一种你死我活的斗争,同时,战争在征服的过程中也会间接地带来文化的传播,引发社会变革。在古代文化发展史上,战争常常成为推动跨文化传播的手段,虽然这种作用并非战争的最初目的。历史上,希波战争和亚历山大东征、拿破仑对埃及的远征等都具有很强的传播作用。在客观上促进了东西方的文化交流。东西方文化交流在一定程度上刺激了西方的文艺复兴。

5. 宗教文化传播。

著名思想家梁漱溟说过:"人群秩序及政治,导源于宗教,人的思想知识以至各种学术,亦无不导源于宗教。""非有较高文化不能形成一大民族;而此一大民族之统一,却每都有赖一个大宗教。""为了维持社会,发展文化,尤其少不了宗教。"① 宗教在人类文化传播史上发挥着重要作用。

早在隋唐时期,随着印度佛教传入我国,印度哲学、逻辑学、文学、音乐、绘画和舞蹈等文化随之而来,大大丰富了隋唐时期中国的社会思想和文化生活。鉴真东渡日本,带去了唐朝的建筑、雕塑、绘画等工艺技术和医药学知识,作为重要的文化使者,至今为日本人民所缅怀。西方传教士来东方传教,既带来了西方当时先进的算术、天文历法、物理机械、医学、建筑、绘画、音乐等知识和技术,也将中国当时优秀的文化带到西方,促进了东西方之间的文化交流。宗教客观上实现了文化的传播与交流,是文化传播的重要载体和工具。

(二)现代传播方式

现代传播方式最突出的是其手段的"现代性"。现代传播以

---

① 《梁漱溟全集》(第3卷),山东人民出版社1989年版,第97~99页。

各种现代化的媒介技术和手段为依托,实现文化的海量扩散与推广。文化产业产生后,文化的现代传播更多集中在借助文化产业进行传播。各国通过大力发展文化产业、文化贸易,实现文化产业对文化的隐性传播。

一个国家发展文化产业,不仅可以带来可观的经济利益,还能在"润物细无声"中传播本国核心价值观和主流意识形态。多年来西方强势文化国家正是通过将其价值观念全面渗透到文化产业链中,使之与文化产品有机融合并高效传播,从而达到向其他国家推销其价值观的目的。最突出的就是美国。美国大力发展文化产业、重视文化产业的知识产权保护,善于利用文化产业各种业态传递美国的核心价值观念。好莱坞大片可以说是美国文化的"代言人"、美国文化的"缩影"。好莱坞大片呈现的不仅仅是一个个的故事,更重要的是隐藏在故事背后的文化和价值观。美国前总统里根有句话:"(美国)政府要大力推动美国电影走向世界,因为好莱坞的电影走到哪里,就把美国的价值观念和商业利益带到哪里。"

同样,英国、法国、加拿大、德国等国同样凭借其先进的科技手段和资本力量,大力推进文化产业的深入发展。比如,英国最突出的就是以 BBC 为基础打造一系列的新闻品牌节目、纪录片品牌节目和电视剧品牌节目,讲述英国故事,传递英国文化。法国重视本国文化的保护和发展,提出保护文化多样性。在保护本国文化遗产、推广法国文化方面,法国每年举办 2 000 多个文化艺术节,包括巴黎在内的许多城市都是国家级甚至世界级文化机构的所在地,同时发展出一系列如巴黎时装周之类的极富特色的文化品牌。加拿大同样重视文化产业的发展,极力推进文化主权政策,与法国政府一起倡导"文化例外"原则,以抵制美国的"文化霸权主义"。德国在出版领域,通过五花八门的德国"符号"推销商业、文化、政治、生活方式和价值理念,制造"全球趣味";通过商业运营和文化资本的渗透,使"德国内容"

逐步深入人心。

　　此外,教育与培训、互派留学生和访问学者、探险、旅游观光、学术会议、图书交流与译介等各种经济、政治、文化活动都是文化传播的重要途径。

第二章

当代中国文化对外传播的理论阐释与意义

一、当代中国文化

任何一个国家都有其独特的文化。当代中国文化的对外传播究竟要对外传播什么样的文化？这需要首先厘清"当代"和"当代中国文化"两个概念。

"当代"是一个时间概念，从文学和历史学的角度来讲，"当代"一般是指从1949年后到现在。但是，文化就像一条绵延的河流，它是连续不断、生生不息的，传统中孕育着未来，当代中包含着过去，所以，文化是很难用时间段来界定的。本书将"当代中国文化"中的"当代"界定为1949年后中国文化的发展和绵延。

对于当代中国文化的内涵，不同的学者有不同的观点。有学者认为，当代中国文化是由中国传统本位文化、苏联马克思主义文化和西方的自由主义文化构成的。[①] 有学者认为，中国当代文

[①] 俞吾金：《当代中国文化的内在冲突与出路》，载于《浙江大学学报》（社会科学版）2007年第4期，第6页。

化基本上由马克思主义文化、儒家文化、大众文化、地域文化及民间文化等文化形态构成。① 还有学者认为，中国的现当代文化是由传统儒、释、道文化和外来文化相融合而产生发展的。② 方克立曾经多次以"魂、体、用"三元模式来说明中、西、马克思主义三种文化资源在中国特色社会主义文化中的地位和相互关系，认为"马学为魂，中学为体，西学为用，三流合一，综合创新"是当代中国文化发展的现实道路。③ 中国现代哲学家张岱年没有直接界定中国文化的内涵，却对中国文化的基本精神有所描述：一是刚健有为，二是和与中，三是崇德利用，四是天人协调。有学者认为，未来中国文化的发展方向必定是优秀中国传统文化、先进的西方文化和中国化了的马克思主义的有机融合，是一种文化的"三学合一"。④

综合各位专家学者的观点，当代中国文化的大致轮廓逐步明朗。当代中国文化的内涵是不断发展与丰富的，是中华民族不断地对自身传统文化精华的传承、对糟粕的扬弃、对西方文化主动择优吸纳、与时俱进地创造的、符合本民族发展利益的新文化。

（一）当代中国文化是对中华优秀传统文化精华的传承与发展

文化从来都不是无源之水、无本之木，当代中国文化也是如此。当代中国文化孕育于中华传统文化之中。中华传统文化主要包括思想、文字、语言；之后是六艺，也就是：礼、乐、射、

---

① 程勇真：《中国当代文化存在现状分析》，载于《殷都学刊》2015年第2期，第122页。
② 李碧红：《中国传统文化元素在当代艺术中的创新表达》，载于《美术与设计》2015年第3期，第173页。
③ 参见《关于文化的体用问题》，载于《社会科学战线》2006年第4期；《"马魂、中体、西用"：中国文化发展的现实道路》，载于《北京大学学报》2010年第4期；《探索中、西、马三"学"的综合创新之道》，载于《马克思主义研究》2010年第12期。
④ 周中之、刘妍：《当代中国文化发展与价值导向学术研讨会综述》，载于《马克思主义研究》2008年第7期，第126页。

御、书、数；再后是衍生出来的建筑、书法、音乐、武术、曲艺、棋类、节日、民俗等。中华传统文化首推思想文化，其中较为重要的是儒家、道家、法家、墨家、阴阳家以及兵家等思想。从整个中华传统文化的发展脉络来看，儒、释、道基本上成为中国传统思想的重要内容。①

儒家文化是中华传统思想文化的核心，是最具有影响力的思想学派之一。儒家强调的核心内容主要是仁、义、礼、智、信，崇尚礼乐和仁义，提倡中庸之道、天人合一，主张要涵养君子人格，积极入世，但又并不以功利成就为最高追求，而以天地境界为终极追求。瑞典物理学家阿尔文（Alfvén）博士曾经对孔子的思想进行过深刻点评："人类要在21世纪生活得更好，必须回首2500多年前，从中国的孔夫子那里寻找智慧。"②

儒家思想对中华民族的生存和发展具有重要的意义。其一，儒家倡导的政治思想和道德准则对中国传统社会政治制度的构建、道德观念的培育、政权和社会的稳定起到了重要作用。其二，儒家思想以其巨大的辐射力和影响力，增进了人们对中华文化的认同，增强了中华民族的凝聚力，促进了族群融合，进而维护了在大多数历史时期里国家的统一。其三，儒家十分注重气节操守，提倡为正义事业而牺牲的精神，激励着无数仁人志士为拯救国家民族于危难而浴血奋斗，维系了中华民族种族的延续和文化的传承。③ 今天的世界需要儒家传统，因为就人的成长而言，儒家的主张以及积极的人生态度仍然激励着当代人。就国家发展、国与国之间的关系而言，儒家的智慧和价值观有助于国与国之间和谐相处。

---

① 徐弢：《试论当代中国文化发展中的几个问题》，载于《中原文化研究》，2016年第3期，第74页。
② 胡祖务：《诺贝尔奖得主推崇孔子——悬案十五年终揭晓》，载于《国际先驱导报》2003年1月17日，第3版。
③ 杨纪武：《中华文化视野下的当代中国文化建设》，载于《大理学院学报》2014年第5期，第10~11页。

道家以老子和庄子的思想为代表，主张道法自然、无为而治和自由逍遥，主张修身养性，看淡功名利禄。道家的思想对于身处逆境的人们不失为重要的精神慰藉。

佛教文化强调一切皆空，主张出世，把追求人生的解脱作为最高理想，为了实现理想便提出了"去恶从善"的理论学说和伦理道德准则。儒、释、道都对中华传统文化的形成和发展起到了积极的作用，甚至有些思想和价值观念已经渗透到中华文化的血脉之中，成为中国人的行为模式和处世规范中必不可少的重要组成部分。

美国哈佛大学教授杜维明曾对中国传统文化给予高度赞扬，他说："世界上有古无今的文化很多，有今无古的文化也很多，而有古有今的文化则很少，像中国这样波澜壮阔的文化传统简直是独一无二的历史现象。"[①] 习近平总书记在纪念孔子诞辰2565周年讲话时指出，中国优秀传统文化的丰富哲学思想、人文精神、教化思想、道德理念等，可以为人们认识和改造世界提供有益启迪，可以为治国理政提供有益启示，也可以为道德建设提供有益启发。[②] 习近平总书记在中共中央政治局第十八次集体学习时强调，中华优秀传统文化是我们最深厚的文化软实力，也是中国特色社会主义植根的文化沃土。"仁、义、礼、智、信""厚德载物""和为贵"等思想是中华传统文化的精华和精粹，在这些优秀的传统文化熏陶下，产生了影响后世、至今仍被人称道的武术文化、中医药文化、孝文化、礼仪文化、太极文化等瑰丽的精神宝藏。

中国传统文化博大精深，是当代中国文化的深刻渊源，是我们民族的精神基因和独特标识，是一个走向现代化的民族不可或

---

① 薛涌：《中国传统文化纵横谈——杜维明教授采访记》，载于《社会科学》1986年第8期，第11页。
② 习近平：《从延续民族文化血脉中开拓前进　推进各种文明交流交融互学互鉴——在纪念孔子诞辰2565周年国际学术研讨会暨国际儒学联合会第五届会员大会开幕会上的讲话》，载于《党建》2014年第10期，第6页。

第二章 当代中国文化对外传播的理论阐释与意义

缺的文化资源,更是我们当前文化对外传播的重要内容。

(二) 当代中国文化是对人类先进文明的借鉴与吸收

从文化与文明的一般发展规律来看,任何一个国家在发展的过程中都离不开世界,离不开与世界文明的对话和交流。毛泽东在《论十大关系》中曾明确指出,一切民族,一切国家的长处都要学,政治、经济、科学、技术、文学、艺术的一切真正好的东西都要学。《中共中央关于深化文化体制改革的决定》在谈到实现中华民族伟大复兴的十年(2011~2020)文化改革发展奋斗目标时说:"以民族文化为主体,吸收外来有益文化,推动中华文化在走向世界的文化开放格局进一步完善。"①我们当代中国文化发展应在继承优秀文化传统的基础上,囊括人类社会一切先进的文明和成果,包括西方现代文明。

近代西方文化兴起于意大利的文艺复兴运动,集大成于英国。在吸收西方文化时,要剔除西方文化中的糟粕,比如其中的扩张文化、强权文化、殖民文化等。

当代中国文化积极借鉴吸收西方先进文化,并不是将中国传统文化融入西方文化,也不是机械地照搬西方文化来扭曲或消弭自身传统,更不是消融传统文化的民族主体性,而是吸收西方现代文明中对我们自身建设有用的价值理念。"假如中国人对于西方文明能够自由地吸收其优点,而扬弃其缺点的话,他们一定能从他们自己的传统中获得成长,一定能产生一种糅合中西文明之长的辉煌之业绩。"②

中国人民在实现中国梦的进程中,将按照时代的新进步,推动中华文明创造性转化和创新性发展,激活其生命力,把跨越时空、

---

① 《中共中央关于深化文化体制改革 推动社会主义文化大发展大繁荣若干重大问题的决定》,载于《人民日报》2011年10月26日,第1版。
② George Allen., Bertrand Russell. The Problem of China, London: 1922: 42.

超越国度、富有永恒魅力、具有当代价值的文化精神弘扬起来，让收藏在博物馆里的文物、陈列在广阔大地上的遗产、书写在古籍里的文字都活起来，让中华文明同世界各国人民创造的丰富多彩的文明一道，为人类提供正确的精神指引和强大的精神动力。①

（三）当代中国文化是对中国特色社会主义文化的丰富与升华

党的十九大报告指出，"中国特色社会主义文化，源自中华民族五千多年文明历史所孕育的中华优秀传统文化，熔铸于党领导人民在革命、建设、改革中创造的革命文化和社会主义先进文化，植根于中国特色社会主义伟大实践。"② 中国特色社会主义文化是马克思主义与当代中国实际相结合的产物，是马克思主义中国化的最新成果，是我们党和人民坚韧不拔而又与时俱进地进行文化建设、文化创造、文化积累、文化提升的历史性成果。

马克思主义指导思想是推进社会进步促进人类解放的先进思想文化。马克思主义以科学的世界观和方法论，揭示了人类社会发展的一般规律，不仅为中国革命和建设指明了出路，也给中国人民带来了共产主义理想和崭新的价值观念。中国古代的大同思想、小康社会的文化传统、中国共产党建设没有剥削没有压迫的平等社会的诉求与马克思的共产主义社会理想，在近代以来"中国道路"的探索中实现了汇通与融合。马克思主义为中华文化注入了时代性、科学性等先进的思想内涵，使中国人民在精神思想方面获得了极大的解放。正如毛泽东同志指出的那样，"自从中国人学会了马克思列宁主义以后，中国人在精神上就由被动转入主动"。③ 当代中国文化就是中国共产党人在运用马克思主义解

---

① 习近平：《在联合国教科文组织总部的演讲》，载于《人民日报》2014 年 3 月 28 日，第 3 版。
② 习近平：《决胜全面建成小康社会　夺取新时代中国特色社会主义伟大胜利——在中国共产党第十九次全国代表大会上的报告》，载于《人民日报》2017 年 10 月 28 日，第 1 版。
③ 《毛泽东选集》（第 4 卷），人民出版社 1991 年版，第 1516 页。

决中国实际问题的历史进程中，特别是在中国特色社会主义伟大实践中逐步生成的，不仅具有鲜明的中国特色，而且具有先进的思想内涵。

当代中国文化的核心是社会主义核心价值观。社会主义核心价值观以"富强、民主、文明、和谐、自由、平等、公正、法治、爱国、敬业、诚信、友善"十二个词、二十四个字为基本内容，是社会主义核心价值体系的科学概括和高度凝练。社会主义核心价值观作为一种思想意识，有其相应的文化基础和思想传统，中国传统文化正是社会主义核心价值观建构的思想源泉，社会主义核心价值观各个组成部分无不渗透着中国优秀传统文化的基因和价值追求，具备中国文化特色。

社会主义核心价值观作为一种文化思想，根植于人们的社会生活，是一定社会经济、政治的反映。当前，党领导人民成功地走出了一条经济健康快速发展、人民生活水平不断攀升、社会充满生机活力、中国特色鲜明的社会主义道路。在这个伟大的实践中，社会主义核心价值观是保证我国改革开放和现代化建设朝着正确方向发展的有力保证，是维系全国各族人民团结和睦的精神纽带。

中国特色社会主义伟大实践是中国特色社会主义文化产生的重要根基。中国共产党领导中国人民在艰苦的革命斗争中创造了艰苦奋斗、昂扬向上的革命文化传统。它集中表达了中华民族对民族独立、国家富强和人民民主自由的实践探索和价值追求，直接影响和塑造了几代中国人的精神风貌、理想信念、价值观念和道德操守。中国共产党领导中国人民在伟大的社会主义实践中形成的井冈山精神、长征精神、延安精神、西柏坡精神、大庆精神、红旗渠精神、雷锋精神、"两弹一星"精神等，是我们宝贵的精神财富。中国特色社会主义文化丰富了中国特色社会主义精神文明的宝库，是当代中国文化的重要组成部分，也是当代中国文化中最具现代性和与时俱进性的部分，是我们文化对外传播的重要内容。

二、对外传播

（一）对外传播的内涵

"对外传播"的概念在我国脱胎于新闻学，最早的著作是1988年段连城的《对外传播学初探》一书。在书中，作者首次使用了"对外传播"这一概念。作者认为，"对外传播学是专门研究以外国人为传播对象的传播学分支"。[①] 1999年，沈苏儒在《对外传播学概要》一书中系统论述了对外传播的对象、基本原则以及对外传播的效果，指明了"对外传播是跨国的、跨文化的、跨语言的传播"，以区分对内传播。

郭可在《当代对外传播》一书中提出，我国的对外传播是通过中国人自主创办或与境外人士合作的报纸、刊物、广播、电视、通讯社、网站等传播媒体，以境外人士为主要传播对象，以让世界了解中国为最终目的而进行的新闻传播活动。[②] 方振武认为，对外传播是以国家为主力、以海外留学生和华人华侨为先锋、以西方部分学者和来华外国友人为同盟，采取单向传播方法、双向互动技术，综合利用不可控媒体与可控媒体，以国外受众为目标受众，以寻求国际社会对中国的理解和认可、从而为中国的发展创造良好国际环境为最终目的的涉外传播活动。[③] 甘险峰认为，对外传播是通过中国人自己创办或与境外人士合作的报纸、刊物、广播、电视、通讯社和网站等传播媒体，以境外人

[①] 段连成：《对外传播初探》，五洲传播出版社2004年版。
[②] 郭可：《当代对外传播》，复旦大学出版社2003年版，第2页。
[③] 方振武：《中国"对外传播"的概念范畴及实施》，载于《中国传媒海外报告》2010年第1期，第25页。

士为主要传播对象，以让世界了解中国为最终目的而进行的新闻传播活动。① 程曼丽认为，对外传播是一个系统化的工程，涉及国家外事活动的方方面面，诸如国家领导人的出访、会晤，普通公民的出国学习、工作、旅游，国家在外举办的大型展示、展览、演出活动，通过媒体进行的信息传播，等等。② 对外传播概念可以从两个角度解读：一是对外传播指的是国际传播中的信息出境部分，是以我为主、由内向外的信息传播；二是对外传播是由"对外宣传"的概念演化而来的。③

这些定义虽然都从不同层面和角度对对外传播进行了界定，但廓清对外传播的概念关键是将对外传播与对外宣传、国际传播、跨文化传播等概念进行区分。在这四个概念中，对外宣传是对外传播的传统称谓；国际传播是对外传播的来源，是其中的分支学科和方向；跨文化传播则经常等同于对外传播。

1. 对外传播与对外宣传的区分。

长期以来，对外传播被等同于对外宣传。美国传播学大师哈罗德·拉斯韦尔（Harold Lasswell）在《世界大战中的宣传技巧》中给宣传下过一个定义："它仅指以有含义的符号，或者稍微具体一点而不那么准确地说，就是以描述、谣言、报道、图片和其他种种社会传播方式来控制意见。" 1937年，他将该定义修正为："宣传，从最广泛的含义来说，就是以操纵表述来影响人们行动的技巧。"④

事实上，对外宣传与对外传播既有共同的地方，也有着本质差别。共同的地方是，他们所指的信息传播方向都是面向其他国

---

① 甘险峰：《中国对外新闻传播史》，福建人民出版社2004年版，第2页。
② 程曼丽：《中国的对外传播体系及其补充机制》，载于《对外传播》2009年第12期，第5~12页。
③ 程曼丽、王维佳：《对外传播及其效果研究》，北京大学出版社2011年版，第9页。
④ 转引自李彬：《媒介话语：新闻与传播论稿》，新华出版社2005年版，第55页。

家的出境信息传播。二者的本质差别主要体现在四个方面。第一，对外传播较为中性，是一种媒体行为，对外传播的内容具有丰富的多样性。对外宣传则带有很强的政治色彩，是一种政治举动，对外宣传的内容中或多或少地带有意识形态的立场或倾向。第二，"对外宣传"的传播主体是官方机构及媒体，而"对外传播"的主体可以是任何机构、组织、群体或个人，其中非政府组织与非营利组织也发挥了重要作用。第三，对外宣传的权力被政府机构掌握，并以大众媒介为宣传工具。而对外传播是官方媒体、民间媒体协同合作，且以受众为本位，充分考虑受众的文化环境和需求。第四，二者非常重要的一个差别在于，对外宣传是一种单向度的信息输出行为，而对外传播的信息交流却是双向的，即必须考虑到受众的接受效果。

在中国文化中，"宣传"一词为中性词，它强调传播主体的主动性，但是在西方文化中，"宣传"是贬义词，它等同于"说服"。哈罗德·拉斯韦尔认为，宣传是一种"处心积虑地加以控制、利用的传播"。[①] 由于强调主体性而不重视受众的需求，对外宣传模式使我国对外传递的信息受到西方受众的怀疑甚至否定，对外传播效果差。随着官方和新闻从业者对新闻传播活动的认识与理解，从1997年开始，我国用"对外传播"代替"对外宣传"。理念的转变表明我国官方和对外传播工作者对新闻传播规律的尊重，对受众和传播效果的重视。之后，在更多的官方场合，"对外传播"逐步取代"对外宣传"。

2. 对外传播与国际传播的区分。

与对外传播密切相关的另一个概念是"国际传播"。有学者将国际传播理解为广义国际传播和狭义国际传播两大类。国外学者对国际传播的定义相对宽广，把所有跨越国界的传播都列为国际传播，它包罗了个人、群体和国家等多种主体开展的任何形式

---

① 沈苏儒：《对外传播的理论与实践》，五洲传播出版社2004年版，第12页。

的信息交流活动。我国主要从狭义角度来理解这一概念,认为国际传播是通过各国大众媒体开展的国际信息交流和传播形式,它的主体是民族国家和一些有影响力的国际组织,它所关注的焦点是国际信息传播对民族国家和国际组织在一些重大领域所产生的影响。①

对外传播是国际传播的重要组成部分。国际传播由两部分组成:一部分是由外向内的传播——将国际社会的重要事件和变化传达给本国民众;另一部分是由内向外的传播——把有关本国政治、经济、文化等方面的信息传达给国际社会。②

两者的区别主要体现在三个方面。第一,国际传播的主体更加多元,包括民族国家、国际组织和个人等。本书中对外传播的主体主要以国家政府为主要角色,涵盖国内各企业、组织、个人以及国外可资利用的传播主体。第二,国际传播的传播范围更多强调跨越国界、在不同的国度之间进行。本书中对外传播的范围以跨越国界为主,同时也包括针对中国境内不同文化圈的来华人士进行的传播,如针对来华的外籍人士、港澳台同胞进行的传播。第三,就信息交流的工具来说,狭义的国际传播与对外传播的工具是一致的,都是借助大众传播媒介来进行,而广义国际传播的信息交流工具则更加多元,既包括大众传播媒介,又包括个人、实物等其他工具。简而言之,对外传播是一个地域概念,但又不是一个完全的地域概念,而国际传播是更为复杂的国与国之间的双向互动传播。

3. 对外传播与跨文化传播的区分。

跨文化传播经常被等同于对外传播。确切地讲,对外传播和跨文化传播是"你中有我""我中有你"的概念。对外传播中有

---

① 郭可:《国际传播学导论》,复旦大学出版社2004年版,第6页。
② 程曼丽:《信息全球化时代的国际传播》,载于《国际新闻界》2000年第4期,第17~21页。

跨文化传播的成分。比如中国文化向美国或欧洲等国的文化传播就是一种典型的跨文化传播。但是还有一部分对外传播，尽管具有"对外"的成分，却不属于跨文化的传播，如中国文化向日本、韩国等的传播就不属于跨文化传播。同样，我们向居住在美国、欧洲等国的华人华侨进行文化传播，也不能看作是跨文化传播，而我们向居住在日本东京的美国人进行的文化传播就是一种跨文化传播。一国之内既存在同文化，也存在异文化；国界之外既存在异文化，也存在同文化（或相同文化圈），① 因此，对外传播是一个文化概念但又不是一个完全的文化概念，而跨文化传播却更多的是一个文化概念。

综上，本书所指的对外传播，"已从简单的对外意识形态的宣传演变为一个国家或文化体系针对另一个国家或文化体系所开展的信息交流活动"。② 我们这里的对外传播指的是国际传播中的国内文化的对外传播；在具体的传播过程中，既有跨文化的传播，又有同一文化圈下的对外传播。

（二）对外传播的基本特征

对外传播具有不同于传播以及对内传播的一些独特特征。对外传播对象主要为国际受众，目的性明确，传播方式多样化，技术性较强。③ 随着对外传播实践的日益复杂和丰富，对外传播的特色日益鲜明并不断呈现出新变化。

1. 对外传播主体、受众与传播手段的多样性。

在传统的对外传播中，政府往往是传播的主体。当前，对外传播主体趋向于多元，借助发达的信息技术和便捷的传播渠道，

---

① 程曼丽、王维佳：《对外传播及其效果研究》，北京大学出版社2011年版，第10页。
② 杨铮：《解读当今国际传播的特点与趋势》，载于《传媒观察》2009年第11期，第10页。
③ 郭可：《当代对外传播》，复旦大学出版社2003年版，第1~11页。

一些个人、企业、非政府组织、学术研究机构及公关组织等都可以成为自觉或不自觉的对外传播者。在传播学中,从宏观的角度可以将传播主体界定为专业的对外传播者和非专业的对外传播者。国家、政府、新闻从业者、媒介经营者、教师等都属于典型的专业的对外传播者,公民个人则属于典型的非专业的对外传播者。

对外传播的受众同样是多元的,具有多样化特征。程曼丽的"国际传播受众分类"理论,将受众划分为重点受众、次重点受众、一般受众、顺意受众、逆意受众、中立受众,潜在受众、知晓受众、行动受众等。[1] 姜鹏在《新闻知识》上发表的《全球化时代中国对外传播之策略思考》中指出,我国目前对外传播的国际受众定位可分为三大类:华侨和华裔、非西方国家受众、西方国家受众。他们可以来自不同国家、不同地域,具有不同的民族宗教信仰、不同的文化背景,他们对所传递信息的态度、接受程度不同,受众的多元性是可见的。

对外传播手段也具有多元性,最基本的有媒体传播手段和非媒体传播手段两种。媒体传播手段指充分利用报刊、广播、电视、网络、手机客户端等媒介的传播形式。非媒体传播手段是指以政府新闻发布会、各种国际性会议、顶级体育赛事为形式的各种信息传递形式。

郭可认为,非媒体传播是相对于媒体传播而言的一种传播方式,是不直接以媒体为信息载体,而最终又通过媒体进行对外传播的一种方式,属于广义对外传播的范畴,包括经济、商务等交流活动,人际交流(如旅游、移民),教育及文化交流(如留学召开国际会议、体育比赛),以及外交及政治交流。[2] 非媒体传播形式是媒体传播形式的补充。

---

[1] 程曼丽:《国际传播学教程》,北京大学出版社2006年版。
[2] 郭可:《当代对外传播》,复旦大学出版社2003年版,第2页。

随着信息科技的发展,对外传播的手段也日益呈现出高科技性。传统的对外传播手段逐步实现了与现代化传播手段的融合与发展。电视、计算机、电子邮件、手机、互联网、MSM、QQ等各种现代化的通信设备成为对外传播的重要工具。

2. 对外传播目的的明确性。

对外传播是有目的、有意识的对外文化交流与往来。任何无目的的对外传播都是不存在的。对外传播的目的很明确,它总是由一个总目标和围绕总目标的无数小目标组成。总目标就是树立和改善国家、政府、企业、组织形象,形成有利的舆论环境和国家发展环境,提高自身的文化软实力。在这一总目标指导下,对外传播的每一次具体活动、工作也有具体的目的,随意的组织传播活动可能无法获得理想的传播效果,有时甚至会带来负面效应。明确的目的性是对外传播的一个非常重要的特征。

3. 对外传播的非对称性。

随着全球化的深入以及信息科技的发展,世界好像进入了一个人人平等的信息传播时代。任何人有一台计算机,就可以成为一个编辑或出版者,再给这台计算机接上一个调制解调器,就可以极其廉价地与这个星球上的任何角落联系,沟通信息。① 但是,对外传播是一个存在着中心和边缘的传播体系,该传播体系在信息流向和流量上都是不对称的。其中,以美国为代表的西方国家居于中心地位,其他国家和地区则处于边缘地带,边缘文化受到中心文化的侵蚀和冲击。美国利用其先进的传播技术和雄厚的传播资源操控着全球传播体系,向世界单向传播着美国的文化和价值观,反映的也是西方的经济、政治和文化利益。因而,对外传播具有非对称性,它既不平等,也不民主,它带来的是文化帝国主义和新闻霸权。② 对外传播的非对称性来自国际经济、政

---

①② 李希光:《软力量与全球传播》,清华大学出版社 2005 年版,第 19 页、第 3 页。

治整体发展的不平衡性,也就是说,国家之间经济、军事、科技实力的发展程度不同直接导致了对外传播的非对称性。

4. 对外传播规则的同一性。

为了保证对外传播的效果,对外传播总是要遵循国际通行的规则和标准。比如对外传播总是涉及跨文化传播,在跨文化传播中要考虑到文化最基本功能中的维模功能、适应原理等。维模功能指外来文化进入本地文化的同时,本地文化会对外来文化进行一定的选择和进行自我保护。这种外来文化是否能够最终实现与本地文化的融合,既取决于本地文化圈的取舍也有赖于外来文化输入者的传播策略,这就是适应原理。适应原理是针对传者来说的,传者在文化对外传播时要考虑受者所在地的文化特征,在不断适应中调整自身的文化策略。这些原理和功能无论对于文化强势国家还是对于文化弱势国家都是一致的。

此外,再好的文艺作品、文化产品都必须转化为国际上通用的语言符号才能被目标受众接收,因此,语言标准也是应该注意的。英语就是国际传播中典型的语言标准。

三、当代中国文化对外传播的重要意义

随着文化重要性的凸显,发达国家越来越重视文化在增强文化软实力、提高自身综合国力中的重要作用。世界上主要的发达国家为了进一步提高自身的文化软实力及国际竞争力,在国际文化领域展开了激烈的全球竞争。与此同时,中国和世界的关系正在发生历史性变化,中国需要更好地了解世界,世界需要更好地了解中国。当代中国文化的对外传播是联结中外、沟通世界的重要渠道,是弘扬中国先进文化的重要手段。对于丰富中华文化的内涵、树立良好的国际形象、提高国家文化软实力、打造新型的跨文化传播语境以及增强我国的国际话语权

具有重要意义。

(一) 有利于丰富当代中国文化的时代内涵，提高国际视野

习近平总书记曾深刻指出，文明因交流而多彩，文明因互鉴而丰富，文明交流互鉴是推动人类文明进步和世界和平发展的重要动力。英国哲学家罗素在《中西文化比较》中写道："不同文化之间的交流，过去已被多次证明是人类文明发展的里程碑。希腊学习埃及，罗马借鉴希腊，阿拉伯参照罗马帝国，中世纪的欧洲又模拟阿拉伯，文艺复兴时期的欧洲亦效仿拜占庭帝国。"[①] 从罗素简短的历史概括中可以看出文化的借鉴是文化兴盛和发展的必由之路。当代中国文化对外传播过程是我们了解西方、融入世界的过程，也是我们学习世界一切人类先进文明成果、丰富自身文化内涵、提高国际视野的过程。

文化传播学领域有一个非常典型的文化增值原理。文化增值指在原有文化容量的基础上，在传播的过程中增加新的内容含量和价值意义。中国文化的对外传播其实就是文化增值过程。当代中国文化在对外传播过程中，会在与世界不同文化的交流和碰撞中实现文化的增值，从而进一步扩大当代中国文化的时代内涵与国际视野，从而不断地自我扬弃和自我发展。

(二) 有利于塑造良好的国际形象，增强我国文化软实力

20世纪90年代初，哈佛大学教授约瑟夫·奈提出了"软实力"（soft power）概念。软实力是国家形象塑造的重要载体。具备强大软实力的国家，会向外界辐射出强大的吸引力和影响力，有助于塑造良好的国家形象，增加国际认同度，减少发展进程中的阻力。

当前，我们的国家形象存在着较为严重"他塑"现象，中

---

① [英] 罗素：《一个自由人的崇拜》，吉林人民出版社1988年版。

国在国际上的形象总体还是由西方的主流媒体所主导,随之而来的问题是,外部世界眼中的中国是一个西方主流媒体"建构的中国"或者"虚拟的中国"。① 这种建构、虚拟的认识和界定在不同时期有不同的侧重,但大多是误读。比如,意大利马可·波罗的《马可·波罗游记》、门多萨的《大中华帝国志》和利玛窦的《基督教远征中国史》等书对中国地大物博、商贸发达、城市无比繁荣、交通便利、遍地黄金等大国形象的描绘,在西方世界树立了一个理想化的中国形象,由此产生了中国崇拜现象。清末,西方国家经济和政治制度迅速发展,而当时清朝的经济开始衰落,政府腐败无能,西方国家对中国的认识开始产生大转折。英国人安森的《环球旅行记》和法国哲学家孟德斯鸠的《论法的精神》中开始揭露中国封建社会的腐朽和落后。特别是1792~1794年,英国外交官马嘎尔尼出使中国,他带回了野蛮专制的中国形象,此举使得中国成为邪恶、专制、堕落的代名词。在之后的一个世纪之中,华夏的形象不断恶化,鸦片战争中,又被戴上了"鸦片帝国""东亚病夫"的帽子。一直到20世纪初,中国的负面形象都没有发生根本性的转变。20世纪初,西方国家又提出了有关中国的"黄祸论"。改革开放以后,我国经济快速发展,国际地位不断提高,西方又提出"中国威胁论",认为中国的崛起是对世界的一种威胁,将中国"妖魔化"。

进入21世纪的今天,中国成为仅次于美国的全球第二大经济体。国际社会对中国的关注度越来越高,他们想了解中国,想知道中国人的世界观、人生观和价值观,想知道中国人对自然、对世界、对历史、对未来的看法。然而,国际社会对中国的认识很大程度还停留在西方媒体报道中。中国的文化影响力与中国的大国地位、大国形象极为不相称。如果中国文化对外传播能力和

---

① 何明智:《国际新闻与世界图景的建构》,中国社会科学出版社2010年版,第256页。

国际影响力不能够和中国经济的崛起同步,那么,世界对崛起中的中国便很难实现了解和信任。

衡量国家文化软实力的一个重要指标就是文化传播能力。对外文化传播能力的不断提高,能有效地塑造良好国家形象以及营造中国国际舆论环境;能有效地提升中华文化的国际影响力并确保国家文化的安全性;能有效地增强中国文化在国际市场的竞争力,改善中国文化贸易逆差的严峻局面。在对外传播过程中,我们应该努力提高传播能力和传播效力,积极地向世界推广我国的优秀文化,从而进一步提升我国的软实力。

(三) 有利于抵御西方国家的文化渗透,维护国家文化主权

话语不仅是思维符号和交际工具,而且直接体现为"权力"。一个国家的国际话语权的大小,很大程度上取决于该国媒体的对外传播能力,包括媒体的规模、经济实力和传播的影响力。但是,话语权的大小归根结底还是取决于这个国家的文化。"话语权毕竟是通过反映主观意识的话语来表达和运用权力,而不是通过冰冷的刀枪和武力的对抗来实现,所以国际话语权总是沾染着文化气息、意识形态和价值观念等因素。这些因素甚至可能在国际话语权的抢夺中成为主导因素。"[①]

在文化全球化时代,文化的交流与碰撞成为一种常态,但这种常态也带来了世界文化生态格局的不平衡。

第一,强势文化国家常常打着"自由贸易"和经济合作的幌子,意图影响他国的思想意识、价值体系、民族传统和信仰。比如,为了对欧洲国家实施文化入侵,美国就曾在关贸总协定的乌拉圭谈判中提出文化产品贸易自由化。赤裸裸的文化入侵已经很少出现,但文化逆差的问题相当突出,西方文化强势国家借用

---

① 张艳秋、刘素云:《国际传播策划》,中国传媒大学出版社2011年版,第22页。

文化力量统治世界的企图丝毫没有改变。

第二,强势文化国家通过影视等大众文化产品的传播与交流,影响他国人民的生活方式,实现文化蜕变。美剧在全世界的流行与风靡,传播的是深厚的美国意识形态和价值观。美国学者约翰·耶马在名为《世界的美国化》一文中指出:"美国的真正'武器'是好莱坞的电影业、麦迪逊大街的形象设计厂、马特尔公司和可口可乐公司的生产线。美国制作和美国风格的影片、服装及'侮辱性的广告'成了从布琼布拉一直到符拉迪沃斯托克的全球标准,这是使这个世界比以往任何时候都更加美国化的最重要因素。"[①] 这种在广度和深度上不断扩展、延伸的西方文化对输入国的文化安全将会产生重大冲击。

第三,强势文化国家利用语言影响他国文化。亨廷顿认为,语言在世界上的分布反映了世界权力的分配。第二次世界大战后,已经成为世界第二大军事和技术强国的美国,倾力向世界推行英语,使英语成为世界上的通行语言,渗透在全球的各个角落。然而,人们通常意识不到"语言霸权"的问题,在许多国家中,英语成为接受高等教育、得到体面工作和获得较高社会地位的门槛,它成为仅次于母语的最重要的语言,甚至开始撼动部分国家母语的地位。

第四,强势文化国家对技术标准和国际规则的垄断,让信息在世界的流动呈现出两极分化效应,"知识沟"出现。美国传播学者蒂奇纳(P. Tichenor)、多诺霍(G. Donohue)和奥里恩(C. Olien)在1970年发表的《大众传播流动和知识差别的增长》中提出了"知识沟"假设,他们认为,"新闻媒介系统性地向某些人群传递信息,具有较高社会经济地位的人比其他人获得更多更好的信息,随着时间的流逝,获得更多信息的群体和获得更少信息的群体间的差异日益增长——他们之间的'知识沟'变得

---

① 王缉思:《文明与国际政治》,上海人民出版社1996年版,第284页。

越来越宽。"① "知识沟"的出现让世界文化舞台上弱者越发没有话语权,强者则进一步加强和巩固自身的国家话语权,严重时威胁到文化弱势国家的文化主权和文化安全。

在全球文化生态格局不平衡的整体发展态势下,中国文化的对外传播尤显重要和紧迫。一方面,文化的对外传播有利于构建文化价值,产生文化身份和社会凝聚力。另一方面,中国文化"走出去",可以源源不断地向世界传播我们优秀的民族文化,展示我们的文化魅力,有助于在世界舞台上影响有影响力的国家,在沟通、交流中保持个性并增强话语权,进而获得国际游戏规则的制定权,维护自身的文化主权和文化安全。

(四) 有利于营造良好的国际发展环境,为实现中国梦创造条件

中华民族伟大复兴的"中国梦",不仅需要中国道路、中国制度的国内基础支撑,不仅需要我们高度的文化自觉和文化大国建设的工作力度,还离不开整个国际社会良好的文化社会环境。当代中国文化的对外传播能够发挥文化软实力的作用,实现国际社会间良好的文化沟通和文化互动,对于化解国与国之间的国际争端、减少国与国之间的政治、经济摩擦具有突出的作用。中国文化的对外传播,能够促进中国融入国际社会、丰富文化的多样性、为实现中国梦创造一个良好的国际文化环境。

文化能够带来和谐、能够实现社会的太平,能够给一个国家带来良好的发展环境。这其中最为关键的是,文化是什么样的文化?什么样的文化才能够通向太平,才能够给国家和国际社会带来良好的国际文化及社会发展环境。

英国哲学家罗素曾经说过,"中国至高无上的伦理品质中的

---

① 斯坦利·巴兰、丹尼斯·戴维斯著,曹书乐译:《大众传播理论:基础、争鸣与未来》,清华大学出版社2004年版,第304页。

一些东西,现代世界极为需要"。当代中国文化就是这样一种止戈兴仁、讲信修睦的文化。当代中国文化的对外传播有利于将中华民族这种独特的精神文化和价值观念传递到世界上,有利于将一个真实的中国传递给世界,让世界了解中国,让中国走向世界。

(五) 有利于维护世界文化的多样性,促进文化的繁荣发展

世界需要多样性的文化,多样性的文化有助于有效地应对社会发展中的各种难以预见的风险。单一文化只能给人类提供一种解决方案,这本身就是一种文化危机。[①] 每一种文明和文化都拥有自己的历史精神和人文传承,有独特的美丽和智慧。人类历史的发展过程,就是各种文明不断交流、融合、创新的过程。不同国家、不同民族、不同文化之间沟通交流,在和而不同中取长补短,在求同存异中相得益彰,是推动人类文明进步的持久动力。

当代中国文化是世界文化的一部分,是世界文化的重要组成部分。中国五千年的文明发展历史悠久而辉煌,中国文化中的许多先进的思想和精神内涵对周边各国乃至世界产生着深远影响。罗素曾说过,"中国至高无上的伦理品质中的一些东西,现代世界极为需要""若能够被全世界采纳,地球上肯定比现在有更多的欢乐祥和。"[②] 在世界文化群中,中国文化是独立的巨大的文化体系之一,当代中国文化的对外传播有利于维护世界文化的多样性,促进世界文化的繁荣与发展。

[①] Parag Khanna, Future Shock? Welcome to the New Middle Ages. Financial Times, December 28, 2010.
[②] 转引自云杉:《文化自觉文化自信文化自强——对繁荣发展中国特色社会主义文化的思考(中)》,载于《红旗文稿》2010年第16期,第5页。

第三章

中国文化对外传播实践

一、古代中国文化的对外传播

文化传播的历史同人类文明的历史一样悠久。自古以来，中华民族并不是一个与周边文化不相往来的封闭之国。秦朝的"徐福东渡"、汉代的"凿空西域"、魏晋的"佛教东传"、唐朝的"六渡东瀛"、宋代的"海上丝绸之路"、元代的《马可·波罗游记》、明代的"郑和下西洋"等都是中国古代对外文化交流的佐证。到了现代，随着中国改革开放的深入和发展，尤其是党的十八大以来，文化对外传播达到前所未有的广度和深度，文化软实力明显提高，中国文化对外传播成效显著。党的十九大报告又深入指出，要"推进国际传播能力建设，讲好中国故事，展现真实、立体、全面的中国，提高国家文化软实力。"① 通过中国文化的对外传播活动，我们不但可以将本国本民族的优秀文化不断传承绵延下去，还可以与其他国家和民族的文化相互交流、融合，丰富了文明互鉴的历程，取得了

---

① 习近平：《决胜全面建成小康社会 夺取新时代中国特色社会主义伟大胜利——在中国共产党第十九次全国代表大会上的报告》，载于《人民日报》2017年10月28日，第1版。

一定的时代成就。

春秋时期,孔子根据文明的差异将人类划分为华夏和夷狄,并提出"修文德以来之"。孔子之后,"七十子之徒,散游诸侯,大者为师卿相,小者友教士大夫",广泛地开展国与国之间的传播活动,形成了"诸侯放恣,处士横议"的局面,可以说是中国历史上最早的文化对外传播。

秦汉时期,丝绸已成为对外输出的重要商品,是中西政治、经济、文化交流的重要媒介。西汉张骞出使西域,开通了丝绸之路。我国的商品经过丝绸之路传到世界各地,中国文化也通过丝绸之路第一次大规模地向外传播。丝绸之路促进了中国古代技术的西传,造纸术、印刷术沿着丝绸之路传到了欧洲,为欧洲文明做出了贡献。

汉唐时期,经济繁荣、国力强盛,国家实行对外开放政策,在当时国际上享有盛名。其中,玄奘西游、鉴真东渡是当时中国文化对外传播的典范。与此同时,中国文化兼容并蓄、不拘一格地吸收了外来文化,很大程度上促进了唐代文化的繁荣发展。但是,这个时期中国文化对外传播的范围较小,主要局限于亚洲相邻国家之间。

蒙元时期,成吉思汗多次发动对外征服战争,征服的地域西达西亚、中欧的黑海海滨,铁蹄踏遍欧亚大陆。尽管是征服战争,却也在客观上实现了中国文化的对外传播。在此时期,意大利旅行家马可·波罗的《马可·波罗游记》,对在中国的所见所闻进行了详细描述,对当时欧洲的经济、生活等方面产生了巨大影响。

明清之际,中国文化对外传播的范围进一步扩大。

首先,郑和七下西洋使先进的中华物质文化、精神文化远播海外。在郑和七下西洋的过程中,先后到过印度半岛、阿拉伯半岛以及非洲东岸的索马里,足迹遍及30多个国家和地区,加强了中国与亚非各国的联系,宣扬了中华民族热爱和平的文化传统,传播了中华民族的文化胸怀,也开启了我们当今"一带一路"倡议中海上丝绸之路的篇章。

其次,在这一时期,大批传教士展开了对中国文化的译介与传播活动。明代,西方大批传教士来到中国,他们较为系统地向欧洲社会译介了系列中国古代文化经典。比如利玛窦所撰中国札记以丰富的资料,向西方"开启了一个新世界,显示了一个新的民族",① 成为西方世界了解东方的重要文献。利玛窦在他的《中国传教史》中写道:"孔子一生以言、以行、以文字诲人不倦。大家都把他看作世界上最伟大的圣人来尊敬。实际上,他所说的和他的生活态度,绝不逊于我们古代的哲学家。"② 利玛窦对中国儒家文化的西传做了重要贡献。意大利耶稣会士殷铎泽和葡萄牙耶稣会士郭纳爵合作,将《大学》译成拉丁文,以《中国的智慧》为名于1662年出版。1687年,柏应理、殷铎泽等人还编译了《中国之哲学家孔夫子》一书,该书在巴黎出版后,风靡西方世界。殷铎泽翻译的《中庸》,取名《中国之政治道德学》。此外,还有巴多明的《六经注释》、钱德明的《孔子传》和《孔门弟子传略》等。到17世纪末叶,已有数十种中国经典译本在欧洲流行。法国国王路易十四还曾专门诏谕皇家印刷厂大批印制传教士从中国带回的《四书》译稿。③

最后,移民传播成为当时文化对外传播的一个重要方式。明朝中后期,沿海出现大量的商民迁徙,他们因政治、经济等原因移居海外,带来一定的民间文化的海外传播。

除此之外,这一时期,我国的文学、瓷器、漆器、建筑物、绘画、戏剧等都不同程度地传到西方,在西方一度掀起中国热,推动了欧洲的"洛可可"艺术,中国文化对外传播的范围进一步扩大。

---

① [意]利玛窦、[比]金尼阁著,何高济等译:《利玛窦中国札记》(英译者序言),广西师范大学出版社2001年版,第21页。
② 利玛窦:《中国传教史》,台湾光启社1986年版,第24页。
③ 方豪:《中西交通史(下)》,上海人民出版社2008年版,第725~728页。

清朝中后期，由于两千多年的封建宗法制度及高度集中的中央集权制度的不断完善，清统治者已习惯于用一种高高在上的眼光打量世界，将一些国家看作是中国的藩属国，采取蔑视"诸夷"并拒之于千里之外的闭关锁国政策。在思想文化领域更为保守，并逐渐采取压制的态势。在这种保守封闭的政策之下，中国文化的对外传播受到了一定阻碍。但是对于海外贸易，清政府一方面是相对宽容，另一方面也无法予以有效的禁止。在这样的环境下，沿海居民从事海外贸易和移民的活动一直延续下来。在此时期，商业贸易活动和沿海移民活动成为当时文化对外传播的重要途径。

总体而言，明清之际，中国文化的对外传播突破了亚洲范围，在欧洲形成了中国文化风潮，实现了中西之间前所未有的大规模文化交流态势。

二、近现代中国文化的对外传播

从康熙末年到道光年间，中国实行闭关锁国政策，中国文化对外传播进程缓慢。只是需要指出的是，此时期，尤其是清朝康熙、雍正、乾隆年间，西方传教士、中国留学生、海外华人等与欧洲相互交往的过程中，一定程度地传播了中国文化，尤其是对当时孔子文化的西传欧洲起了一定的作用。据李思纯研究，清朝康熙、雍正年间，有青年多人，随传教士赴欧留学，至伦敦、巴黎、意大利的那不勒斯等地。这些人对西方人了解孔子文化也有影响。是年，意大利教士马国贤由华返欧，在那不勒斯建一中国学院，并在返欧时携回中国青年五人[①]。乾隆年间赴法的杨德望和高类思，他们在法国期间，积极宣扬祖国优秀的传统文化，与

---

① 李思纯：《十八世纪西欧之中化与中国之欧化》，载于《史学刊》1940年第1期，第1页。

法国学者友好交往,特别是他们与重农学派的领袖杜尔哥的交往,为杜尔哥建立与发展重农学派的理论提供了不少思想资料。高类思撰写的《中国古代论》,其中介绍了《论语》《大学》《中庸》《易经》《诗经》《孝经》等多部儒家经典。[①]

1840年第一次鸦片战争后,中国文化开启了艰难的近代化进程。这一时期,中国的有识之士为救国、为"制夷",主动"拿来"西方文化。魏源首倡"师夷之长技以制夷",张之洞提出"中体西用",严复倡导"中西体用一致",并大量翻译西方近代哲学、逻辑学、经济学、政治学、法学等各种社会科学学说。学习西方、"师夷长技以制夷""西学东渐"成为这一时期文化及社会发展的主线,西方先进的科技和思想在中国得到广泛传播。在当时,中国有识之士的"拿来"西学,看似自觉,实则出于无奈。不过,中国的"拿来"也体现了中西文化交融的一面。

这一时期中国文化的对外传播主要集中于民间传播。近现代时期,中国东南沿海向外移民的足迹已经深入到亚洲之外的欧洲和美洲各地,甚至非洲。经过数百年,世界各地逐渐形成了具有显著特征而又不可替代的"唐人街""中国城"。"唐人街""中国城"在传播中华文化方面发挥着极其重要的桥梁纽带作用。在这一过程中,民间文化传播实际上成了18世纪以后中华文化海外传播的主流渠道。

1921年,中国共产党成立。中国共产党自成立以来高度重视对外传播工作。中国共产党的对外传播源于1931年11月7日"红中社"(即"红色中华通讯社",是新华通讯社的前身)向国外播发的一篇英文稿件——中华苏维埃共和国临时中央政府的对外宣言。1944年9月1日,新华社在延安正式开办对外新闻广

---

① 吴霁雯:《"孔子文化走向世界"问题研究》,曲阜师范大学2014年博士学位论文,第59页。

播,标志着中国共产党领导的对外传播事业的发端。

三、当代中国文化的对外传播

当代中国文化的对外传播首先在概念上实现了从"对外宣传"到"对外传播"的转变。改革开放之前,国内媒体一直使用"对外宣传"这一概念。当然,在中国的政治生活和文化中,"宣传"(propaganda)一词是没有贬义的,从巩固执政党的地位和稳定社会安定局面的角度来说,还具有一定的积极意义。在英语中,"宣传"这个词原本也无贬义,只是由于在两次世界大战中被频繁使用,特别是被纳粹德国使用而带有了强烈的贬义色彩,逐渐成为"为达到某种政治目的,用虚假的信息对人民进行欺骗"的代名词。据此,20世纪80年代中期,我国对外传播学的奠基人沈苏儒提出用"对外报道"来取代"对外宣传",以避免引起西方受众的反感。

20世纪90年代以来,随着全球化的推进和国际传播的发展,中国与世界双向交流增加,对外宣传开始向对外传播转变。有鉴于此,1991年1月成立的国务院新闻办公室,将职能定位于向外国介绍和说明中国,而不再提对外宣传中国。1997年,中共中央宣传部发出通知,"宣传"一词在英译中由"propaganda"改为"publicity",即对外传播,这不仅仅是概念的替换,更意味着传播理念的转型,传播思维的变化。"对外宣传"具有浓重的政治色彩,而对外传播是国际通用词汇,强调信息的交流,体现了全球化语境下的中性对话思想。

当代中国文化的对外传播从中华人民共和国成立开始,一直到现在,可以宏观上划分为三个大的历史阶段。在这三个不同的阶段,由于历史环境的不同,中国对外宣传(传播)在目标定位、宣传方针、传播策略等方面,都表现出了很大的差异性。其间有改革开放40年以来我们文化对外传播取得的巨大成绩，也有"文革"时期一些值得我们总结与反思的教训，这些都是我们进行文化对外传播工作的宝贵财富。

（一）当代中国文化对外传播的起步阶段

从1949年中华人民共和国成立到1966年"文化大革命"开始，前后大约17年时间，是当代中国文化对外传播的起步阶段。在这一时期，中国共产党在马克思主义的指导下，坚持"引进来"与"走出去"相结合，大大促进了中华文化的对外传播，加大了我国与外国的文化交流，促进了世界文化的发展。尤其是1956年毛泽东提出"百花齐放、百家争鸣"的方针后，整个文化界蓬勃发展。在这一时期，当代中国文化的对外传播主体主要集中于党和国家领导人、国家政府，民间团体和国际友人等。

除了政府的对外宣传之外，中华人民共和国成立后的十余年间，中国与其他国家之间的文化艺术交流活动以官方为主导，辅以民间团体组织的参与，主要形式有国与国之间相互派遣文化艺术代表团进行参观、访问、座谈；举办各种艺术展览或文艺演出；组织各种纪念庆典、研讨会、学术论坛；派遣留学生相互学习交流；交换书籍出版物、影像资料等。1949年，我国派出由肖华任团长、廖承志等为副团长的中国文化代表团远赴匈牙利参加世界青年和平与友谊联欢节，带去《牛永贵负伤》《打击侵略者》等新戏，大大促进了中华文化"走出去"的力度。1956年，在周恩来总理的亲自运筹下，中国京剧代表团（包括梅兰芳、李少春、袁世海、姜妙香等名角）进行了访日演出，取得了巨大成功。此次访日演出大大促进了中华文化的传播，同时也促进了中日友好。20世纪50~60年代，我国向苏联派出1万多名留学生，向东欧等社会主义国家派出1 000多名留学生。1956年后又开始向与我国建交的西方国家和周边国家派遣留学生。1965年，中法两国政府签订了1965～1966年文化交流计划,这是我国与西欧国家签订的第一个政府间文化交流计划,为中外文化的交流奠定了基础,大大促进了中华文化在西方国家的传播。

但是,中华人民共和国成立初期,我国政府在对外传播的过程中,更多重视新闻及文化的宣教作用,官方对外传播的地域和范围也多限于苏联及波兰、德意志民主共和国、捷克、保加利亚、罗马尼亚、朝鲜等社会主义国家阵营,中国文化更大范围的传播远远没有达到。

(二) 当代中国文化对外传播的停滞阶段

"文革"十年是当代中国文化对外传播的停滞阶段。"文革"时期,在极"左"思潮的影响下,不仅国内文化的传播交流中断,中国文化的对外传播工作也严重受挫,中国对外政治、经济、文化交流和合作基本中断。

在当时的社会环境下,由广播(电视)和极少数报刊构成的传媒体系成为"阶级斗争"的工具,除此之外的大量报纸和杂志被取缔、查封;中华人民共和国成立后17年所拍摄的600多部影片先后被封存、禁映,文化的传播出现沙漠化。在整个新闻传播领域,据统计,1966年5月到1976年10月,出版的新闻学著作只有43种,基本上都是新闻单位内部编辑的小册子,公开出版发行的著作寥寥无几。在对外留学和交往方面,从1966年中国高教部发出推迟选拔和派遣留学生通知起到1971年,我国停止选派留学生达6年之久,直至"文革"结束,中国海外留学事业才再次兴起。

综上,此时期的文化传播更多的是对国内的政治宣教,对外传播无从谈起。

(三) 当代中国文化对外传播的飞速发展阶段

当代中国文化对外传播的飞速发展开始于改革开放伊始。改革开放以来，中国发生了举世瞩目的变化。这种变化不仅体现在经济领域，而且涉及政治、经济、文化、艺术等各个方面。作为这一系列变化的一个重要方面，中国文化的对外传播活动走向了繁荣发展的历史新阶段。党的十八大以来，党和政府更是高度重视文化的对外传播工作。习近平总书记在全国宣传思想工作会议上指出，要精心做好对外宣传工作，创新对外宣传方式，着力打造融通中外的新概念、新范畴、新表述，讲好中国故事，传播好中国声音。在国家顶层设计和全力助推下，中华文化对外传播战略逐渐完善，中华文化"走出去"取得了新的发展，中华文化对外传播的规模越来越大、传播的范围越来越广，并形成了官方、社会组织、民间力量在内的多层次文化传播主体。尤为重要的是，文化产业、文化贸易逐渐成为我国文化对外传播的重要载体，文化对外传播取得丰硕成果。

第一，文化企事业单位逐步完成转企改制。党的十一届三中全会以前，国家以集中化、行政化、政治化的手段管理文化事业。党的十一届三中全会以后，中国共产党在总结历史经验的基础上，在领导新时期文化工作的实践中，及时地调整和发展了文化艺术工作的方针政策，重申"百花齐放、百家争鸣"的方针，明确提出在不违反政治方向的前提下，不仅文化艺术的不同形式、风格可以自由竞争和争鸣，而且文化艺术作品的思想内容也要"百花齐放"；制定了繁荣文化艺术创作、发展群众文化活动和加强中外文化交流的具体政策和规定。与此同时，党和国家积极改进对文化事业的领导，进一步放松了对文化企事业单位的管制，使文化行政部门从微观管理中解脱出来，获得了一定的自主经营权，从而调动了广大文化工作者的积极性、创造性，增强了文化发展的活力。在此时期，很多剧院、院团开始尝试自主经营、实行"团长"负责制。这些调整和发展为整个中国文化事业的发展开辟了更加广阔的道路。

第二，文化产业迅猛发展，成为文化对外传播的重要通道。

文化产业具有独特的属性和功能，能以喜闻乐见的各种文化产品满足不同人群的文化需求，因而逐步成为文化传播的重要载体。在这个过程中，党和政府除继续坚持对文化事业的行政管理和舆论监督管理之外，还逐步扩大使用经济和法律手段，不断培育和引导文化市场。20世纪90年代以来，文化市场逐步发展起来。2008年北京奥运会的召开全方位推介了中国文化，将中国文化产业的发展推入了快车道。

党的十八大报告提出，促进文化和科技融合，发展新型文化业态，提高文化产业规模化、集约化、专业化水平。文化与科技的融合是解放和发展文化生产力的重要途径。在与互联网、数字技术等现代科技的融合下，文化产业呈现快速健康发展态势，文化产业增加值从2012年1.81万亿元增加到2016年3.03万亿元，首次突破3万亿元；占GDP的比重从3.48%提高到4.07%，首次突破4%。2015年我国文化出口实现大幅增长，其中，文化产品出口871.2亿美元，文化服务出口200.2亿美元，同比增长37.2%，高于我国服务出口增速22个百分点；文化体育和娱乐业对外直接投资13.6亿美元，同比增长257.9%，高于非金融类对外直接投资增速248个百分点。[①] 文化产业进出口贸易额的增加不仅是数字额的累加，更是中国文化内涵的扩大传播。文化产业的快速发展给中国文化的对外传播创造了更多的机遇。

第三，不断深入文化体制改革，完善文化领域的政策和法规，为文化的对外传播进行体制创新。为更好地发挥文化产业的外部功能，党和政府适时提出文化产品的生产要以社会效益为最高准则，力求实现社会效益和经济效益的最佳结合；提出适应政治和经济体制改革需要进行文化体制改革的方针。近年来，在习近平总书记重要讲话精神的指引下，先后制定了《深化文化体制

[①] 《以改革创新精神谱写"中国梦"的文化篇章——党的十八大以来文化体制改革述评》，载于《人民日报》2016年5月11日，第1版。

改革实施方案》，编制了《国家"十三五"时期文化发展改革规划纲要》，出台了"两个效益"相统一、媒体融合发展、特殊管理股试点、新闻单位采编播管岗位人事管理制度改革、采编和经营分开、文艺评奖改革、构建现代公共文化服务体系、实施中华优秀传统文化传承发展工程、国际传播能力建设等40多个改革文件，细化了改革的路线图、时间表、任务书。截至2018年8月，党的十八届三中、四中、五中、六中全会确定的104项文化体制改革任务已完成97项，其余7项正在抓紧推进之中。

在文化政策和相关法律法规等方面，党的十八大以来，中央先后制定和出台262个文化产业重要政策，先后印发《关于进一步加强和改进中华文化走出去工作的指导意见》《关于加快发展对外文化贸易的意见》《关于加强"一带一路"软力量建设的指导意见》等文件，统筹对外文化交流、文化传播和文化贸易，加快推动中华文化"走出去"。此外，文化立法步伐加快，新制定颁布了《网络安全法》《电影产业促进法》《公共文化服务保障法》，我国文化领域法律从原来的4部增加到7部，确保使文化健康发展的法律环境不断优化。

第四，通过派遣大量留学生，更好地推介中国文化。派遣留学生是中国文化对外传播的一个重要途径。改革开放以来，我国派出了大批文化工作者出国考察、访问和演出，并广泛邀请世界各国文艺家、学者和文化团体来华访问。1978年，邓小平明确表示，要派成千上万的人才出国深造，来促进中国各方面的发展。根据邓小平同志的指示，教育部于1978年7月11日即向中央报送了《关于加大选派留学生数量的报告》。当年12月，首批52名国家公派访问学者飞赴美国，开启了中国人"走出去"的新时代。在这一年，北京语言大学正式建立来华留学生现代汉语本科专业，而这个专业在之前的两年内一直叫现代汉语专业。至此，中国"走出去"和"迎进来"的对外文化发展交流开始实施。在1978年后的10年间，以公派生为主流的留学生被派向了美国、英国、日本、德国、法国、加拿大、比利时以及北欧国家，每年派出的数量为3 000人。从1978年到2007年底，我国各类出国留学人员总数达121.2万人，出国留学规模由1978年的860人发展到2007年的14.45万人，30年扩大168倍。以留学身份出国在外的人员有89.2万人，遍布世界五大洲100多个国家和地区。

另外，在译介外国作品和学术著作以及译介我国作品和学术著作到国外、举办各种性质的国际文化活动等方面，都创下了历史新纪录，大大传播了中国文化。

第五，以孔子学院为代表的对外汉语教学与传播成为中国文化对外传播的重要力量。2004年11月21日，全球第一所"孔子学院"在韩国首都首尔挂牌。孔子学院最大的功能并不主要是宣扬孔子思想，孔子学院是"推广汉语文化的非营利性教育和文化交流机构"，通过教授外国人学习汉语，帮助他们了解中国的文化知识。截至2017年7月，中国已在140个国家和地区建立了511所孔子学院和1 073个中小学孔子课堂，注册学员210万人，中外专、兼职教师4.6万人。孔子学院已成为体现中国"软实力"的最亮品牌，为推动中外教育和文化交流、增进中国与各国人民之间的理解和友谊、提升国家软实力做出了重要贡献。除此之外，中国政府与各国政府积极开展合作，先后举办了"中美文化年""中俄文化年""中法文化年""中德文化年""亚洲文化节"等大型国际文化交流活动，促进了中国文化的对外传播和世界人民的友好交流。

综观我国文化对外传播的整个实践历程，我们可以清楚地看到中国一直都在为中国文化的对外传播做出努力，创造了辉煌的对外传播与交流的历史。一方面，在文化对外输出的过程中，我们一直在大胆吸收和借鉴人类社会创造的一切文明成果，即使在最封闭的清政府时期，醒悟的中国人也主张"师夷长技以制夷"，开展"采西学、制洋器"的洋务运动。另一方面，中国文化的对外传播活动对西方乃至整个世界文明做出了重要贡献。马克思曾指出：火药、指南针、印刷术的西传，变成科学复兴的手段，变成对精神发展创造必要前提的最大杠杆。① 曾陪伴李约瑟博士来华的新闻记者坦普勒在《中国——发现与发明之邦》中写道："没有中国的制造技术、指南针和其他发明，欧洲17世纪以来的各种发明创造和产业革命都根本不可能发生。"② "中国学研究贡献奖"获得者、法国汉学家谢和耐曾经说道："中国文明曾是人类文明中很大一部分的启迪影响者，将其文字、技术、人生观和世界观、宗教和政治制度赐予了全人类的这一部分……直至今天仍不知曾向它借鉴过许多内容的西方，很不了解自己欠下中国的一切文明债，而西方若无这些借鉴就不可能具有它今天的面貌。"③

不同时期各种形式的文化对外传播促进了中华文化的广泛传播以及与世界文化的交流。

---

① 《马克思恩格斯全集》（第47卷），人民出版社1979年版，第427页。
② 王殿卿：《中国古代文化与西方现代文明》，载于《北京青年政治学院学报》2004年第2期。
③ ［法］谢和耐著，耿昇译：《中国社会史》，江苏人民出版社1995年版，第1~2页。

第四章

当代中国文化对外传播的成就与经验

中华人民共和国成立以来,尤其是 1978 年改革开放之后,我国进一步加大文化传播的力度,扩大文化对外交流的广度和深度。党的十七届六中全会不失时机地推出文化"走出去"战略,积极发展国际文化贸易,不断增强国际文化交流,通过不同的方式、手段,采取多样化传播渠道,在与不同文化的碰撞和交融中彰显力量,丰富内涵,创新发展。党的十八大以来,文化"走出去"战略成为建设文化强国、增强国家文化软实力的必经之路。党的十九大又深入指出,要不断推进国际传播能力建设,讲好中国故事,展现真实、立体、全面的中国,提高国家文化软实力。[1] 经过近些年的努力,中国文化对外传播在各方面都取得很大进步,形成了全民族文化创造活力持续迸发、社会文化生活更加丰富多彩、人民基本文化权益得到更好保障、人民思想道德素质和科学文化素质全面提高、中华文化国际影响力不断增强的新局面,为今后更深入、广泛的文化对外传播积累了丰富经验。

---

[1] 习近平:《决胜全面建成小康社会 夺取新时代中国特色社会主义伟大胜利——在中国共产党第十九次全国代表大会上的报告》,载于《人民日报》2017 年 10 月 28 日,第 1 版。

一、当代中国文化对外传播的成就

(一) 文化对外传播理念实现了转变

在过去相当长一段时期内,我国的文化对外传播活动一度奉行对外宣传的理念。经过相当长时期的对外传播实践,中国文化对外传播实现了由被动到主动、由本位意识到受众意识的转变。在中国文化中,"宣传"一词是中性词,它强调传播主体的主动性。但是,在西方文化中,"宣传"是贬义词,它等同于"说服"。哈罗德·拉斯韦尔认为,宣传是一种"处心积虑地加以控制、利用的传播"。① 这种传播理念更多地从传播主体的角度出发,对受众的需求重视不够,对外传播效果一般。从1997年开始,我国用"对外传播"代替"对外宣传",在尊重文化传播规律的基础上开始以更加开放和从容的心态面对外界。当然,这种转变并不意味着我们的对外传播要放弃国家利益,而是要求我们的对外传播主体能够在坚持国家利益这一最高原则的基础上,优化对外传播的技巧,传递中国文化。随着中国的和平发展,中国知识界意识到文化对话和文化交流的重要意义,于是"送去主义"② 和"文化走出去"成为一种文化传播的新理念。

理念支撑行动。理念的转变使得中国不断增强议程设置意识和参与国际社会意识,理念的转变使对外传播活动不再是一种单项的信息流动,而变成一种双向的信息交流,开始关注传播对象的积极性与主动性,并开始注重传播对象的需求和反馈,文化对

---

① 沈苏儒:《对外传播的理论与实践》,五洲传播出版社2004年版,第12页。
② 最早提出"送去主义"的大概是季羡林先生。此后汤一介等也对此有所阐发。具体可见季羡林《东方文化集成总序》和汤一介《"拿来主义"与"送去主义"的双向互动》,载于《中华读书报》2001年9月19日。

外传播逐渐走向科学。

（二）文化对外传播话语体系逐步丰富

传播理念的转变带来的直接影响就是对外传播话语体系的逐步转变与丰富。主要表现为以下三点。

1. 形成了以官方话语为主、以学术话语和民间话语为补充的对外传播话语体系。

中国传媒大学电视学院的刘宏教授提出跨文化传播的三个层次，即官方、知识分子和百姓，但这三个层次主要是从跨文化传播的受众角度来分析的。他认为西方的知识分子往往相信媒体胜过相信政府，相信纪录片胜过相信新闻；百姓更容易接受影视产品，很难关注他国新闻，除非是重大的新闻事件。他认为，知识分子和百姓作为绝大多数群体，是跨文化传播中需要努力抓住的受众。

随着我国对外传播环境的日益宽松以及我国日益频繁的对外传播实践，我国对外传播体系日益丰富，从传播者的角度形成了官方、学术话语和民间话语三个层次。官方话语一般由政府、国家领导人表达和传播中国文化和中国话语。学术话语一般由学界人士、专业领域的领军人物通过公开的论坛、培训等方式表达和传播学术前沿动态、中国文化和价值精神。民间话语一般来自民间团体、民间组织、公民个人，他们通过互联网、微博、社区论坛、社交网站等沟通工具，表达自身的文化主张和对社会现实的自我解读。其中，官方话语和学术话语是对外传播话语中的重要组成部分，也是我国对外传播主流文化和价值观的主要话语载体。

2. 话语体系中的叙事语言逐步丰富。

在对外宣传阶段，我国官方话语的叙述方式主要是政治语言，不易打动国外受众以及产生情感上的共鸣。随着对外传播理念由"宣传"向"传播"的转换，我国对外传播开始逐渐淡化官方色彩，回归受众需求，叙事语言由政治语言向多样化的文化语态和文化语言转变，以多样化的语言形态来沟通西方受众，讲述"中国故事"。有时在文化语态上进行一定程度的娱乐、诙谐、风趣化的包装，以贴近现代受众。

3. 话语体系中叙述话语原则由"内外有别"向"外外有别"原则转变。

"内外有别"原则的本质是以受众为本，注重受众的信息需求和心理接受特点，强调"内宣"与"外宣"有所区别。在历史上，这个约定俗成的原则对我国的对外宣传工作起到过积极作用。但是随着我国内外环境的变化，"内外有别"原则在很多方面显现出它的局限性。2006年出版的《新时期宣传思想工作》一书中提出，新时期的对外宣传工作不仅要坚持"内外有别"，还要强调"外外有别"，即不仅要认识"内"与"外"的不同，还要区分"外"与"外"的不同。这强调了目标国受众的差异性和受众需求的独特性，体现了我国对外传播原则的与时俱进。

（三）文化对外传播渠道不断实现数字化和媒介融合

在信息科技高度发达的今天，究竟是内容为王、渠道为王，还是技术为王逐渐成为文化对外传播领域的经典问题。在一个信息爆炸的社会中，信息本身显然已经不是"无可替代"，在数字化趋势和背景下，数字技术不断与文化传播融合，数字技术在传播领域日益广泛的应用正在推动文化传播媒介走向数字化时代。

与文化媒介的数字化浪潮同时出现的，是文化传播媒介融合的新趋势。"媒介融合"（media convergence）是指各种媒介呈现出多功能一体化的趋势。信息技术的发展为传统媒介和新兴媒介的融合提供了技术支撑。媒介融合可以充分利用媒介资源，降低媒介运营成本，同时借助新媒介的传播手段，可以最大范围地寻求受众，从而获得最佳的传播效果。目前，我国文化传播媒介融合主要分三种情况：第一种是单个传统媒体与新媒体的融合，如报纸与网络的融合、电视与网络的融合、广播与网络的融合；第二种为多个传统媒体与新媒体的融合，如电视、报纸、广播和网络的融合，这属于媒介融合的较高层次；第三种为传统媒体与传统媒体之间的强强联合。① 在全球化和传播技术数字化推动下，以媒介融合的手段推动我国对外文化传播已是大势所趋。很多传播机构高效利用新媒体渠道，利用创新 App 或者文化类的主题网站，使国外民众在虚拟网络空间中接触中国文化。

（四）文化对外传播主体日益多元化

在很长一段时间里，由于对外传播理念以及传统媒体的国家主导性质，对外传播的主体只能是国家（政府），政府以外的其他机构、团体和个人均无法或较少参与对外传播。随着全球化以及我国社会的多元化发展，尤其是互联网的出现，信息发布（无论是对内还是对外）成为一件人人都可以做到的事情，对外传播主体日益走向多元化。政府、企业、政府组织、非政府组织、民间力量、公民个人等都成为我国文化对外传播的主体。

作为权威的传播主体，政府部门利用多元化媒体提供政务信息，进行舆论宣传和形象塑造，并通过立法形式实现对传播过程的监控与管理。政府还通过不断扩大政府间文化交流，与其他国家建立双边和多边人文交流机制，参与国际文化规则的制定和实施，精心组织文化援助，扩大公共外交。在这个过程中，政府的传播多涉及一些大型的对外传播活动，如"中法文化年""中美文化周""中国文化节""俄罗斯中国年""中国意大利年""中华文化美国行""中印友好年"等。这些活动中有文化展览、文艺演出、民俗表演、经济论坛等项目，从不同角度向外国公众展示了历史悠久、文化灿烂、充满生机的中国形象。此外，随着全

---

① 孙玉双、孔庆帅：《中国媒介融合的现状、表现形式与未来》，载于《科技与出版》2011 年第 4 期，第 71~76 页。

球化的拓展，政府组织的留学生、教育培训也不断加大力度，成为对外传播主体的重要组成部分。

与政府相比，非政府组织因其非政治性特征淡化了官方色彩，从而使他们在对外文化传播中更具亲和力，更有利于被不同文化背景和不同宗教信仰的受众接受。比如，孔子学院作为一种非政府组织成为推介中国文化的重要载体。截至2016年12月，全球140个国家建立了511所孔子学院和1 073个中小学孔子课堂，各类学员210万人，举办的文化活动受众1 300万人。孔子学院已经成为中国向世界传播中国传统文化、让世界了解中国的最重要的窗口之一，也成为对外汉语推广与中国传统文化传播的全球品牌和重要平台。

企业同样可以传播本国文化。比如人们通过福特、波音、IBM、麦当劳、肯德基可以了解美国的文化，通过奔驰、大众能够了解德国的文化，通过索尼、日立、尼康、卡西欧可以了解日本的文化，通过三星、大宇、现代可以了解韩国的文化。从一定程度上说，这些企业生产的不仅仅是产品，更是企业文化和其相对应的文化价值观。人们在使用这些产品的同时，感受到产品所在国的技术水平和现代化程度，并对整个国家产生认知与评价。跨国企业和集团在各种跨国贸易活动中也推动了文化的对外传播。

此外，媒介技术的进步（尤其自媒体的发展）为公民个体的话语表达提供了技术支撑，这使大量出国经商、留学、访学的人员和旅居海外的中国公民，都成为传播中华文化的使者，他们在对外文化传播中的作用不可小觑。

（五）文化对外传播日益走向产业化

一般来说，对外传播大体可以分为产业性传播和非产业性传播两种途径。非产业性传播就是以非产业化形式对文化进行的传播，语言传播、文字传播、大众媒介传播、战争传播等都是比较典型的非产业性传播。产业性传播就是以产业化形态对文化进行相应的传播和传递。产业性传播一方面传播了文化，获得了相应的文化和社会效益，另一方面，因为是一种产业化的运作，也能获得比较丰厚的经济收益。可以说，产业化传播是一举两得的传播方式。在这方面，美国一直走在世界的前列。美国主要新闻媒体发布的信息量是世界其他国家发布信息总量的 100 倍。世界上 75% 的电视节目和 60% 的广播节目是由美国生产和制作的。美国电影生产总量只占世界电影的 6%～7%，但美国电影在各国的放映时间却占世界总放映时间的 50% 以上。这些产业性的文化传播，一方面获得了丰厚的经济收益，另一方面也将美国的道德、理念、文化、品牌传播到全世界。实践表明，经济越发达的国家，产业性传播在文化传播中所占的比重越大。

相较于美国，我国的文化产业起步较晚。20 世纪 70 年代末，广州东方宾馆出现了第一个音乐茶座，自此我国的文化产业从沿海到内地，从民间到官方，逐步发展壮大起来。2008 年北京奥运会的召开将我国文化产业发展推向快车道。党的十八大指出，要逐步推动文化产业成为我国经济社会发展的支柱产业，在这个过程中，我国文化产业在文化对外传播中的作用日益凸显。

"十一五""十二五"期间，中国电影企业开始借助资本运作进入国际电影市场。博纳影业公司在美国纳斯达克的上市、橙天嘉禾入股好莱坞传奇影业等行为，为中国电影"走出去"开辟了新的方向和思路，在电影业的融资方面做了大胆尝试，促进了与金融业的广泛交流与合作。在图书、网游方面，投资超千万元的柬埔寨首个中文书店 2011 年开业，中国网游也已全面占领越南市场。涵盖 10 个国家、数亿人口的东盟国家正在成为中国文化产品出口的重要目的地。与此同时，中国文化企业在欧美市场也加速布局，购买终端平台、拓展输出渠道。中国文化产品的出口逐年扩大，文化产业对外传播已经成为我国文化对外传播的重要发展方向和途径。

(六) 文化对外传播政策法规日益完善

文化的对外传播离不开国家政策的支持和相关立法的保障。党的十八大以来，党中央对文化领域的立法十分重视，从行政命令到法律法规，文化立法的局面已经打开。

国家高度重视影视产业在文化对外传播中的作用。为了促进中国电影产业健康繁荣发展，弘扬社会主义核心价值观，规范电影市场秩序，丰富人民群众精神文化生活，2016年11月7日，全国人民代表大会常务委员会发布《电影产业促进法》，这是我国文化产业领域的第一部法律，该法律于2017年3月1日起正式实施，它的实施，不仅有利于优化电影产业运营和行业管理实践，推动创作出更多更好的优秀电影作品，而且有利于提升国家文化软实力。在电视方面，面对影视剧泛滥和综艺乱象，管理部门着手加大监管力度，颁布了一系列政策新规。2016年，国家新闻出版广电总局相继推出《关于进一步加强电视上星综合频道节目管理的通知》《关于大力推动广播电视节目自主创新工作的通知》《关于进一步加快广播电视媒体与新兴媒体融合发展的意见》《关于进一步加强社会类、娱乐类新闻节目管理的通知》；2017年9月，五部门联合下发《关于支持电视剧繁荣发展若干政策的通知》；2017年9月22日，为遏制演员天价片酬，多部门联合发布《关于电视剧网络剧制作成本比例的意见》，推出"限酬令"。

党的十八大以来，党和政府不断推出促进文化"走出去"的政策，其中《关于进一步加强和改进中华文化走出去工作的指导意见》《关于加快发展对外文化贸易的意见》《关于加强"一带一路"软力量建设的指导意见》等文件先后印发，统筹对外文化交流、文化传播和文化贸易，努力讲好中国故事，传播好中国声音，推进文化"走出去"的力度空前加大。2017年1月，中共中央办公厅与国务院办公厅联合印发的《关于实施中华优秀传统文化传承发展工程的意见》提出，到2025年，中华优秀传统文化传承发展体系基本形成，研究阐发、教育普及、保护传承、创新发展、传播交流等方面协同推进并取得重要成果，具有中国特色、中国风格、中国气派的文化产品更加丰富，文化自觉和文化自信显著增强，国家文化软实力的根基更为坚实，中华文化的国际影响力明显提升。

在文化对外贸易方面，2014年，国务院印发了《关于加快发展对外文化贸易的意见》，以拓展我国文化发展空间，提高对外贸易发展质量。2015年国务院《关于加快发展服务贸易的若干意见》发布，特别提出积极推动文化艺术、广播影视、新闻出版、教育等承载中华文化核心价值的文化服务出口，大力促进文化创意、数字出版、动漫游戏等新型文化服务出口，加强中医药、体育、餐饮等特色服务领域的国际交流合作，提升中华文化软实力和影响力。

（七）文化对外传播外溢效应明显

外溢效应（spillover effects）指的是沟通过程中流通的信息影响了人们对某些事物的理解和信仰，这些认知和信仰并未包含在沟通过程提供的信息里，是受众接收信息后基于已知信息猜想以及臆测的结果（Ahluwalia, Unnava and Burnkrant, 2001）。当代中国文化的对外传播不仅实现了文化的对外交流与融合，丰富了中国文化内涵，更在文化的相互往来与文化贸易中带来了一定的外溢效应。

1. 中国国际形象有所扭转。

长期以来，西方媒体涉华报道中，因"刻板印象"，侧重报道中国的负面消息，丑化、矮化中国国家形象。中国文化的对外传播一直在努力扭转这些"刻板印象"，努力向世界全方位展现出一个包容的、充满活力的、经济腾飞的大国形象，并通过展示自身的发展水平向全世界证明中国的贡献、实力与魅力。

相比于改革开放初期，当代中国的对外传播无疑已经取得了长足的进步。早在 10 年前,我国官方的主流媒体就已经做到了多语种、多媒体每天 24 小时向全球播报重要新闻,受众遍布世界 200 多个国家和地区。① 中国国家整体形象在一定程度扭转。2016 年 8 月,《中国国家形象全球调查报告 2015》在北京发布,这项由中国外文局对外传播研究中心联合市场调查及品牌咨询机构推出的关于国家形象的第四次全球调查显示,中国经济影响力排名仅次于美国,位居世界第二。与 2014 年相比,中国整体形象得分提升了 0.3 分(总分为 10 分)。其中,发展中国家对中国的印象(6.9 分)比发达国家(5.5 分)更为积极。值得注意的是,相对于年长群体,海外年轻人(18~35 岁)对中国的了解程度更高,整体印象更好,对中国未来发展形势的看法也更为乐观。全球受访者对中国国民的印象普遍是正面积极的,相较于发达国家而言,发展中国家对中国国民有更好的印象。

2017 年 2 月,全球知名民调和管理咨询机构盖洛普发布最新调查报告指出,美国人近年来对中国的看法更加积极,目前有 50% 的人表示对中国有好感,创下近 30 年来的最高纪录。美国人对中国的积极评价从 2016 年的 44% 提升至 2017 年的 50%。

2. 国际文化贸易发展迅速,国家综合国力、文化软实力进一步提升。

近年来,我国对外文化贸易形势向好,2013~2015 年我国文化产品进出口总额均保持 1 000 亿美元以上的规模,文化产品贸易连续实现顺差,2016 年我国文化产品和服务进出口总额达到 1 142.1 亿美元,文化体育和娱乐业对外直接投资达 39.2 亿美元。2016 年,文化部在国家"一带一路"倡议的基础上,出台了《"一带一路"文化发展行动计划(2016~2020 年)》,我国与沿线国家开展交流的机制化水平不断提升。2016 年,我国对

---

① 何翔:《我国对外传播存在的问题及其解决途径》,载于《当代传播》2008 年第 5 期,第 115 页。

"一带一路"沿线国家文化产品进出口总额达149亿美元,比2012年增长15.4%,占文化产品进出口总额的16.8%,比2012年提高2.3个百分点,其中出口总额达到126亿美元,同比增长21.6%。此外,我国对外文化贸易结构呈现出明显的优化调整趋势,文化内容、核心技术和标准出口比例大幅提高。

2016年,影视、动漫、网游等新兴文化产品出口同比增长25%,版权输出达到1万种。目前,中国已经超过日本,成为世界第二大电影市场,同时,与美国市场的差距逐步缩小。随着影视产业的飞速发展,中国电影电视质量和国际影响力逐年提升。2016年中国电影海外销售收入为38.25亿元,是2012年的3.6倍。在政府的指导和推动下,2016年启动"中国电影·普天同映"全球发行平台,使《西游记之孙悟空三打白骨精》《盗墓笔记》《陆垚知马俐》等影片都实现了国产新片的海外规模性商业发行,大范围地传播了中国文化。

在出版领域,"十一五"以来,我国出版企业在境外设立分支机构的数量已经达到300余家,中国青年出版社在伦敦设立分社,而中国国际图书贸易集团有限公司则与美国亚马逊公司联手启动亚马逊中国书店的合作项目,目前已经有千余种中国图书在美国亚马逊网站上线。《狼图腾》向全球输出了25个语种的版权,全球销量15万册,《于丹〈论语〉心得》则输出28个语种的版权,33个版本,全球销量达到了30.4万册。到2016年,我国全年文化产品进出口总额885.2亿美元,其中出口786.6亿美元,实现顺差688亿美元。文化娱乐和广告服务出口额54.3亿美元,同比增长31.8%。文化体育和娱乐业对外直接投资39.2亿美元,同比增长188.3%。目前,我国对外文化贸易几乎涵盖所有的艺术门类,交流的领域和渠道已大为扩展,打造了一批具有广泛影响力的国际文化产品交易平台,推出了一批具有国际竞争力的外向型文化企业,取得了良好的社会效益和经济效益,并积累了宝贵的经验。

文化对外传播能力是衡量一个国家文化软实力的重要指标。对外文化传播能力的不断提高，能有效塑造良好的国家形象，能有效提升中华文化的国际影响力并确保国家文化的安全，能有效增强中国文化在国际市场的竞争力，改善中国文化贸易逆差的严峻局面。这些都是文化对外传播带来的间接影响。这些外溢效应彰显了近些年来我国对外传播工作的良好成效。

二、当代中国文化对外传播的经验

（一）坚持党和政府对中国文化对外传播的引导作用

中国文化对外传播是一项系统工程，面临诸多的复杂关系，必须积极研究文化对外传播的特点和规律，注重整体把握、协调发展，形成文化对外传播各要素的相互促进与良性互动。当代中国文化对外传播能够取得如此骄人的成绩，离不开党和政府对文化对外传播的重视、引导和规划。2016年11月1日，习近平总书记主持召开了中央全面深化改革领导小组第二十九次会议，会议强调，加强和改进中华文化"走出去"工作，要坚定中国特色社会主义道路自信、理论自信、制度自信、文化自信，加强顶层设计和统筹协调，创新内容形式和体制机制，拓展渠道平台，创新方法手段，增强中华文化亲和力、感染力、吸引力、竞争力，向世界阐释推介更多具有中国特色、体现中国精神、蕴藏中国智慧的优秀文化，提高国家文化软实力。2016年12月31日，习近平总书记在写给中国国际电视台（中国环球电视网）开播的贺信中深刻指出："当今世界是开放的世界，当今中国是开放的中国。中国和世界的关系正在发生历史性变化，中国需要更好了解世界，世界需要更好了解中国。"坚持党和政府的引导作用要注意以下三点。

第一，坚持党和政府的引导作用，不能违背文化对外传播的基本规律。习近平总书记深刻指出，要正确把握中国共产党和社会主义文艺服务宗旨的共通点，正确处理好党和文艺的关系。就如何加强和改进党对文艺的领导，习近平提出要牢牢把握两条准绳：第一要紧紧依靠广大文艺工作者，第二要尊重和遵循文艺规律。党和政府对文化的引导并不是直接参与文化产品的制作和生产，不是对文艺创作指手画脚，而是引领文化发展的方向，在政策和方针上对文化以及文化产业的发展进行合理布署和规划。

第二，坚持党和政府的引导作用，要不断加强文化对外传播主体的管理和引导。一方面，政府要不断转变职能，重点从体制和机制上解除制约文化发展的藩篱，充分发挥民间团体的力量，将政府作用与民间力量充分结合在一起。另一方面，要不断加强党和政府对文化对外传播主体的教育和管理。一定程度上，文化对外传播的主体就是传播学里面的"把关人"，"把关人"的思想素质以及道德价值倾向，直接影响着文化对外传播的方向。要对"把关人"所在的组织单位、行业领域进行一定的引导和管理。文艺组织应该深化改革，工作向基层倾斜，服务向广大文艺工作者拓展，改变机关化、行政化倾向，不断增强组织活力。

第三，坚持党和政府的引导作用，要不断加强对新型文化业态的监管。数字技术和信息技术的发展催生了文化产业领域的新型文化业态，对于中华文化对外传播发挥着重要作用。在推动新型文化业态发展的同时，要因时而变、顺势而变，主动适应和把握新型文化业态的发展变化趋势，及时管理，有效监督，以保证新型文化业态在良性轨道上健康发展。

（二）秉承科学理性的态度和奋发有为的精神

文化的对外传播离不开科学理性的态度，这种科学理性主要包含两方面的内涵。最为突出的一方面，就是能够科学地评价自身现有的文化，能够合理地对待文化输入国的文化。在文化对外传播过程中既不妄自菲薄，也不清高自傲，做到文化对外传播中的"平视"和"尊重"。另一方面，科学理性的态度是指文化对外传播过程中要尊重文化传播的基本规律。我们的文化对外传播既有同一文化圈下的文化传播，也有不同文化圈下、异质文化的文化传播。不同种类的文化传播必然有其遵循的文化传播规律。

文化对外传播除了有自身应有的态度之外，还要有奋发有为的精神，这种奋发有为的精神最突出的表现就是摒弃了过去一味宣传、强行灌输的落后理念，在不断变化的世界格局中，调整传播思路，针对国际社会聚焦的问题和世界范围内的重大议题，有的放矢地进行议程设置与对外传播。除此之外，奋发有为的精神还包括学习用讲故事的方法，以积极主动的姿态向世人讲述发生在中国大地上的真实、生动的故事。在新媒体和融媒体时代，运用大数据分析，动态掌握西方受众的心理特点和接受习惯，以此选择传播内容、传播方式，不断提高国际传播的针对性和有效性。

（三）不断推进文化对外传播的市场化和产业化

文化的传播向来不是什么孤立的社会行为，而是依附于一定的商业往来而进行的。商道传播、商业贸易往来是文化对外传播的重要途径。历史上，丝绸之路上的驼队、海上通道上的商船都曾是文化往来的"使者"，中国传统哲学思想和造纸术、印刷术也随着丝绸、瓷器和茶叶等一起传播出去。与此同时，包括世界三大宗教在内的诸多外来文化先后传入中国。现今，美国的大片、德国的制造技术等在赚取商业利润的同时，还将自身的文化和价值观念传到世界各地。这些都告诉我们，当代中国文化的对外传播不能仅仅依靠单纯的免费赠予、"送出去"，还要创造出世人喜爱的优质文化产品，在产品中蕴藏文化，在商业中传递精神，将中国文化"卖出去"，也就是中国文化对外传播要市场化与产业化。

文化对外传播的市场化和产业化要充分发挥市场对资源的基础配置作用,充分利用国内、国际两个市场,以市场的力量为文化传播注入新的动力,在此基础上,大力发展文化产业。一方面,通过重点文化产业项目的积极带动,加快建设文化产业集中区,促进区域文化产业协调发展,提高文化产业规模化、集约化、专业化水平,形成统一、开放、竞争、有序的现代文化市场体系。另一方面,通过重点文化产业项目的带动,努力在优势文化产业领域形成强大的竞争实力,在传统文化产业领域打造优势文化产业品牌,在新兴文化产业领域实现跨越发展,形成一批有竞争优势的主导产业,培育一批特色鲜明的产业区块,发展一批骨干文化企业。

在市场化和产业化运营的新形势下,随着高新科技的发展以及多媒体技术的突飞猛进,文化对外传播的载体日益多元。在没有互联网的时代,中国文化的传播与对外传播更多借助于国家媒体和党报媒体来完成。20世纪90年代以来,随着互联网技术的发展以及新媒体的崛起,中国文化对外传播的载体更加多元化、现代化,与之对应的,中国文化对外传播的市场化大潮向纵深发展,中国文化对外传播的产业化模式不断推进。在今后的文化对外传播过程中,市场化和产业化将伴随始终,市场化和产业化的程度也将不断加深、加强。

(四)树立文化自信,坚守文化自觉

自古以来,中华文化经历了开拓、维系和传承等多个历史阶段,虽然治乱相循,盛衰倚伏,但始终绵延不绝,生生不息。中华文化在形成和传承过程中,曾先后造就过汉官威仪、大唐气象,经历过近代以来的战争与革命洗礼,以及欧风美雨的强劲冲击。中国文化中蕴含的中国经验、中国风格、中国气派,构成了中华民族文化的生命精神。这种精神内蕴是中华文明对人类思想

文化的独特贡献，是我们党治国理政、推进理论创新的深厚沃土，更是我们文化自信的基础。

党的十八大以来，习近平在多个场合论述文化自信。"我们要坚定中国特色社会主义道路自信、理论自信、制度自信，说到底是要坚持文化自信""文化自信，是更基础、更广泛、更深厚的自信"。文化自信是中华民族生生不息、走向复兴的深厚底蕴，是中国特色社会主义破浪前行、繁荣发展的精神依托。

文化自觉就是对自身的文化有清醒的认识，并能够在传播的过程中进行文化自省。文化自省并不是自我否定，而是发展的最好动力。正如塞缪尔·亨廷顿（Samuel Huntington）所言，正是不断有人谈论美国的衰落，美国才没有衰落。21世纪的中国能够开创多大的格局，很大程度上取决于中国人能否自觉地把现代中国置于中国源远流长的历史文明之活水源头中。我们的文化自觉和文化自省最主要的就是对自身文化的渊源、发展、未来以及作用和地位等有清醒认识，并主动承担起文化发展的历史责任和使命担当。各个国家和民族都是在文化自信和文化自觉中发展壮大的，文化自信是文化自觉的必然结果，文化自觉是文化自信的基础和保障，我们要基于文化自信和文化自觉，不断讲好中国故事，传播中国声音。

（五）不断增强国家经济实力，为文化对外传播提供坚实后盾

文化的对外传播是以对内传播为基础的。当代中国文化的对外传播离不开其在国内的传播与流动，离不开国内文化的繁荣与发展。对外传播是对内传播的延伸，对内传播是对外传播的基础。当代中国文化的对外传播所要做的就是要在繁荣国内文化市场的基础上，实现国内文化的拓展传播，而所有这一切靠的都是一个国家强大的经济、军事及科技实力。

当今，没有哪一个领域像对外传播那样，与一个国家的经济、军事等方面的实力如此紧密相连，时常互为表里。汉唐时的

中国,近代的英国,现代的美国,之所以能够将其文化有效地传播,其实就是因为其经济实力的强大。马克思曾经指出:"各民族之间的相互关系取决于每一个民族的生产力、分工和内部交往的发展程度。"① 美国学者赫伯特·席勒(Herbert Schiller)在《大众传播与美利坚帝国》一书中提出了"传播帝国主义"的观念,他认为美国这个国家与媒体在推动其本国资本进行全球经济扩张过程中彼此合作且竭尽全力。美国借助强大的资本优势和传播优势,使得美国文化成为世界文化的风向标(如奥斯卡、NBA、芭比娃娃、迪士尼、可口可乐、麦当劳等),为美国创造了巨大的经济效益。

英国一位语言学家曾说,世界上各种强大的势力创造了世界语言,罗马帝国成就了拉丁语,大英帝国成就了英语。因此,只有中国强大,中国文化的对外传播才会水到渠成,中国的文化对外传播才能畅通无阻,中国的文化输出才能顺利进行。

---

① 《马克思恩格斯选集》(第1卷),人民出版社1995年版,第68页。

第五章

当代中国文化对外传播中需要解决的问题

当代中国文化的对外传播正在积极推进,取得了一定的成绩。但同时在对外传播的实践中也存在一些问题,如对外传播不平衡现象严重,在传播区域上更看重西方国家,在传播对象上更侧重社会精英,在传播方法上更侧重正面宣传。随着中国"一带一路"倡议的提出与推行,以及中国对外开放的深度拓展,这种传播不平衡的现象整体上得到逐渐改观,但是,传播仍然存在着一定的盲目性,在国际传播舞台上失语、对外传播话语体系不成熟、对外传播人才匮乏、产业化对外传播路径不够深入等问题不断暴露,已经在一定程度上影响了我国文化对外传播的进程和效果,是我们必须予以高度重视的时代课题。

一、内容问题

文化对外传播内容缺乏明确的界定和清晰的梳理,传播具有一定的盲目性。尽管我们一再强调我们的文化要"走出去",但是对于什么样的文化能"走出去",要向外传递哪一层面的文化仍然不清晰。

（一）文化对外传播的内容主要集中于中华优秀传统文化，有待更加全面

我国文化的对外传播充分认识到了中国优秀传统文化的现实价值，将传播的内容集中于中国传统文化。但是，优秀的传统文化只是当代中国文化的重要组成部分和渊源，如果只是将优秀传统文化作为对外传播的内容，就会对现当代文化有所忽略。

在西方受众眼里，很多来自古老中国的传统文化，仅仅是一种"地方性的奇观"、一种"正在消逝的东方奇景"或"古玩""杂耍"，他们更愿意看到当今中国的现状，愿意了解正在崛起的中国发生的变化以及当代中国文化中的文明成果。因而，中国文化的对外传播既要有中国优秀传统文化的部分，又要有传统文化与现代文化融合的现当代文明成果，这才是中国文化对外传播的全部。

（二）文化对外传播的层次主要侧重于物质器物文化方面，有待更加多元

当代中国文化对外传播是在不同文化背景下的传播，为了更有效地实现文化对外传播效果，对外传播更多侧重于文化层次中的物质文化层面，以至于在当前我们"走出去"的文化产品中更多的集中于"香蕉产品"和"动作产品"。所谓"香蕉产品"是指以中国传统艺术形式表现西方文化内容的产品，如京剧《王子复仇记》；而"动作产品"则是指以功夫、杂技为主要表现形式的系列演出产品，如《功夫传奇》《风中少林》及吴桥杂技等。这两种产品虽然符合我国文化资源的比较优势，但中国主流文化价值观涉及较少，难以强化我国的文化话语权。

从表5-1可以看到，当前国际社会主要侧重于以下文化价值含量少、文化折扣低的中国文化产品，真正的具有核心价值的文化很少能够传递出去。

表 5–1　中国文化产品最受海外人士欢迎的主题（前十五位）

中国文化产品中前15位最受海外人士欢迎的主题	按照地域和人群排序（●排名靠前　◎排名居中　○排名滞后）					
	海外华人	日韩	东南亚	美国	欧洲	拉美
1. 风景名胜	●	●	●	●	●	●
2. 古代建筑	◎	●	●	●	●	●
3. 民族人文风光	●	●	●	●	●	●
4. 中华美食	●	●	●	●	●	●
5. 养生之道	○	◎	◎	●	●	●
6. 传统中医	◎	●	◎	◎	◎	◎
7. 中国经济	●	◎	◎	◎	◎	○
8. 当代历史	●	◎	◎	◎	◎	○
9. 书法	◎	○	◎	◎	◎	○
10. 传统哲学	○	◎	◎	◎	◎	○
11. 古代历史	◎	○	◎	◎	◎	○
12. 古玩	○	○	○	○	○	◎
13. 风水	○	○	○	◎	○	◎
14. 古装	○	○	○	○	○	◎
15. 中文学习	◎	◎	●	○	○	○

资料来源：商务部服务贸易司：《我国文化产品及服务进出口状况年度报告（2009）》。

因此，在当代中国文化对外传播的过程中，既要强力推出具有比较优势的、能减少文化折扣的文化产品和文化服务（如杂技、功夫等），也要积极拓展中国文化表达的多元化空间，使我国文化对外传播产生后续带动作用。

（三）文化对外传播中文化供给与受众文化需求严重脱节

正是由于不能清晰界定自身到底要传播什么样的文化，所以在对外传播中我们对目标市场的定位缺失,导致我们对外传播的文化产品并不一定是国外受众所需求的,而受众需求的文化产品我们却无法有效生产和传播。同时,对外输出的文化产品同质化现象严重,文化质量粗糙,文化精品不足。2008年9月蓝海国际传播促进会(BON—ICC)委托美国PRI调查公司进行的一项名为"美国人眼中的中国"调查结果显示,美国人眼中"最著名的中国人"名列前两位的是成龙和李小龙;在200万名受调查的美国成年人中,有23%的人认为新加坡是中国最著名的城市,27%的人认为三星是中国品牌。这在一定程度上反映了美国人对中国的认知状态。[①] 由此可见,在对外传播中,文化供给与文化需求脱节会导致对外传播效果大打折扣。

二、文化自信问题

一个国家的可持续健康发展,不仅需要雄厚的经济实力,更需要强大的文化力量。这是因为文化带来的认同感是国家发展与社会进步所需凝聚力的重要来源。改革开放40年来,中国的经济和科技实力大大增强,并成为世界第二大经济体。然而,与经济发展的高速相比,全球化时代的中国文化发展仍然步履蹒跚,与一个文化大国的身份很不相符。在世界传播舞台上,西方强势国家往往控制着"声音"的大小以及"声音"传播的方向,以至于不仅中国人的国际形象基本上由CNN、美联社和《纽约时报》等少数西方媒体所塑造,而且即使我们自己的国际观很大程度上也是由上述媒体塑造的,文化对外传播中失语问题一定程度存在。

---

① 程曼丽:《中国的对外传播体系及其补充机制》,载于《对外传播》2009年第12期,第5页。

文化自信是对自身文化的认识、了解和认同，也是对文化的汲取、选择、消化、调整、本土化等能力的自信。"失语问题"与"文化自信"互为表里。文化对外传播中长期以来的失语现象、失语问题的出现，导致文化的更加不自信。而对自身文化的不自信，又直接导致文化对外传播中话语的缺失和不敢发声。失语问题的存在和文化不自信的表现直接影响着对外传播效果。

（一）文化不自信及一定程度的文化自卑，导致文化对外传播中不能发"声"

文化自信的缺失在一定程度上源自中国人在近代历史上的遭遇。习近平总书记多次在讲话中提到文化自信，他指出：坚定中国特色社会主义道路自信、理论自信、制度自信，说到底是要坚定文化自信，文化自信是更基本、更深沉、更持久的力量。当前，中国文化对外传播中文化不自信最突出的表现就是对自身文化的不了解、不认同，对自身的民族文化缺乏自豪感、自信心，甚至一定程度上低估本民族文化，认为其总体不如别的文化。面对西方文化的汹涌来势，一些文化人士不自觉地表现出胆怯和自卑的心理，既缺少包容的耐心，又缺乏对话的勇气，只是一味地拒绝与抵制。由于甄别力不足，一些文化从业者还产生了较为严重的投机和买办心理，一味地去迎合西方。2006年，国内有学者认为中国应该放弃将龙作为中华民族的图腾，原因是"龙"在英语文化中是一种充满攻击性的怪物。其目的虽然是为了在国际上提升中国的国家形象，但是这种说法完全不顾中国文化中龙所具有的文化象征和中国人对于龙的美好感情，以西方文化来剪裁中华民族的图腾，不能不说是一种典型的文化不自信。

我们必须树立良好的大国文化心态，积极发展壮大本民族文化，在对外文化传播与交流中保持不卑不亢的理性心态，以一种友好、自信的姿态参与国际间的文化竞争。唯有如此，才能赢得世界对中国文化的理解和尊重。

（二）对外传播能力薄弱，在重大的国际问题和事务中不能及时发"声"

在对外传播领域，发达国家和发达地区是传播的中心源，不仅占据着文化传播的主要位置，而且向落后国家及地区传递着一整套的思想系统、价值观念。在传播信息流量上，发达国家、发达地区也占据着绝对优势。据统计，发达国家、发达地区传播的信息占据了世界信息总流量的80%以上，其中世界上最发达的国家——美国则占了60%以上。这样的流通方向和整体上的流量优势，使得落后国家及地区在国际传播格局中处于被动接受状态，对外传播的双向性诉求被轻视，而在世界信息秩序的建构中，落后国家及地区有日益被边缘化的趋势。[①] 这其中最主要的在于，西方发达国家凭借自身雄厚的资本、人才和技术在对外传播领域形成了"传媒霸权"的垄断地位，发展中国家形成了所谓的"信息孤岛"。

我国传媒技术相较于西方相对落后，据统计，2006年中国传媒产业总产值仅相当于全球传媒总产值的3%左右，从传媒产业与GDP的比值来看，中国广告经营额约占中国GDP的0.93%，中国传媒产业约占中国GDP的2.2%，而世界上先进国家的平均水平是，广告经营额占该国GDP的2%，传媒产业占该国GDP的5%。[②]

西方等主流媒体还根据自身文化战略的价值需求，经过国家信息传播框架的"二次把关"甚至"层层把关"，不失时机地对我国进行相应的"选择性误读"。比如，最早西方人了解中国是从《马可·波罗游记》、精美的瓷器、昂贵的丝绸开始的。当西

[①] 戴元光：《全球化语境下中国电影传播策略检讨》，载于《现代传播》2002年第2期，第49页。

[②] 张骥等：《中国文化安全与意识形态战略》，人民出版社2010年版，第149页。

方传教士回国后,他们记录中国的书简就成为"圣经",中国所有的东西被渲染、美化,在西方人心目中留下一个乌托邦形象,以至于当东印度公司把订制好的精美瓷器运回欧洲大陆时,法国思想家伏尔泰也在感叹"我们不能像中国人一样,真是大不幸"。但是后来的"黄祸论""中国威胁论""中国崩溃论"等论调让国际社会对中国形成了偏见和"刻板印象"。"刻板印象"容易使人们戴着"有色眼镜"去看待对方的文化。当传播双方各自以"刻板印象"互相交流时,可能会发生误解与冲突,这对我国文化的对外传播造成很大困扰。

随着全球化进程的加快,对外传播中的传媒"霸权"和信息"孤岛"的对立局面不会自动缓和,而是两极分化更趋尖锐,最终形成一条难以逾越的"信息鸿沟"。在此背景下,我国急需加强对外传播能力建设。

(三)缺乏一定的国际议程设置能力,在国际舆论导向中不能有效发"声"

国际议程设置能力是一国在国际社会进行权力博弈的实力和能力的体现,在当前信息传媒高度发达的社会中,这一能力对本国的国际话语权产生巨大的影响,直接影响着一个国家在国际舆论中发"声"的效果。

随着中国国际地位的日益提高,参与国际事务领域的日益广泛,以及在对外传播实践中各种经验、教训的积累,我们在实际工作中有意识地赢得了一些主动。但基于各种原因,当前中国在国际议程设置能力上仍然落后于西方,存在着明显不足。

美国和其他西方国家都非常重视通过"议程设置"来占据国际舆论优势,从而引导舆论、控制信息,有关中国议程的国际话语制高点常被西方抢先占据,中国却常常"被"表达、"被"设置。一般情况下,西方国家常常在第一时间占据话语制高点,抢先为事件定调,而后展开一系列的舆论攻势。面对已经形成的舆论攻势，中国只能努力去澄清舆论，去解释事实真相，为自己辩护，谈不上议程设置，甚至有时候是用别人的理论标签来看待自己的制度、政策和意识形态。

三、人才问题

当前，在对外开放不断扩大的过程中，我国政府、各级政府组织、媒体单位都高度重视对外传播人才的培养，并取得了显著成绩。但是，从总体上看，我国对外传播工作者不管是队伍的规模，还是队伍的语言和文化素质，都与中国综合国力不断增强、国际地位日益提高的新形势极不相符。文化传播人才匮乏，与国际社会真正需要的传播人才存在一定差距，成为制约对外传播的瓶颈。

（一）对外传播复合型人才缺乏

对外传播工作者主要与国外的受众、群体进行交流，需要不仅精通外语，了解对象国文化、受众的特点，还要熟悉各国文化政策，了解国外文化环境。对外文化传播工作涉及各行各业，不仅有语言文学、科技、政治方面，还有经济、文化、法律、体育、医疗卫生等相关专业领域，所以要求对外传播工作者要具有相关专业的传播工作技能。对外传播工作还需要与市场打交道，开展对文化输入国的文化市场调研，进行相应的市场细分和目标市场定位。这就要求传播工作者要知晓商业运作，具有市场预见性和战略性思维。另外，当代中国文化的对外传播关系到国家文化的安全和意识形态的稳定，这就要求对外传播人才对自身的文化有高度的认同感，同时还要有高度的政治素养和敏锐的洞察意识，能够在大是大非面前保持清醒的头脑、做出正确的判断，以引导舆论的正确走向。

因而，我们需要的文化对外传播人才，不仅需要具备深厚的文化素养（包括对中国文化、艺术的深入了解以及高水平的审美品位），更需要具备国际化的运作、管理能力，以及能够胜任跨文化交流的能力（包括掌握国际文化交流基础理论、基本原则、基本方法和技巧）。然而，当前我们的对外传播人才队伍，既缺少具有国际文化市场眼光的经纪人和操盘手，又缺少可以将民族文化资源转变为民族文化产品、品牌和名牌的创意者，既缺少文化资源的生产者和整合者，又缺少具有较强国际文化交流意识、较强专业素养的对外汉语传播人才、翻译人才和媒体传播人才。

（二）对外传播人才培养模式及管理机制不健全

我国的传播学是随着改革开放的历程逐步发展起来的，40年来，在人才（尤其是对外传播人才）的培养方面还没有形成健全的培养模式。目前，我国文化对外传播人才的培养主要集中于高校，比如中国传媒大学、清华大学、中国人民大学等，他们集中于对大学生开展"国情教育＋融合新闻业务＋外语＋媒体实习"四大模块的学习和研讨。企业、传媒组织、媒介团体等的传播人才培养力度不够，高校与媒体业界联动的长效机制还没有建立起来。这样培养出来的学生很难将传播理论运用到对外传播实践中（甚至传播实践的发展已经远远超越了传播的理论架构）。我国高校培养的人才中具备跨文化交际能力的人才严重匮乏，现有的从事对外交流的人员中文化素质和对外传播能力普遍不高。

在人才管理机制方面，虽然我国在文化人才的管理体制上进行了改革，但还不够彻底和完整。现在很多文化单位对文化人才仍然采用终身制的人事管理办法，没有完全实行聘任制，这就使这些文化人才不能充分发挥自身的才能。而且，在奖励制度上也存在很大缺陷，对于文化人才的工作，干得多或干得少，干得好或干得差并没有明确区分，奖惩制度也不明确。很多地区和部门的文化人才评估体系仍不完整，评估制度不完善，评估标准不科学。这在很大程度上影响了我国文化人才的发展，不利于我国文化对外传播战略的实施。

此外，我国对外传播人才储备不足，对现有的对外传播人才缺乏专业性与综合性的培训。对外传播人才单位用人机制不灵活，缺乏培养、选拔、管理和激励机制，导致社会上高素质的对外传播人才进不来，而进来的不能人尽其才，这些都成为当代中国文化对外传播的制约因素。

四、产业化模式问题

文化产业由于其独特的属性和功能，是文化对外传播的重要载体和工具。随着文化产业的产生、发展与逐步壮大，我国文化产业在文化对外传播方面发挥着越来越重要的作用。影视文化产品、动漫产品、网游、艺术表演、会展展演等成为传递我国文化的重要工具，文化的产业化运营、文化对外传播产业化初步形成。但是，对外传播的产业化模式还不健全，存在着诸多影响传播效果的因素和问题。

（一）文化产品内容缺乏特色、文化价值含量部分缺失

我国的文化产业起步较晚，文化产业整体偏弱偏小，没有形成规模效应，与发达国家相比，仍然处于起步阶段。即使是在2000年党中央明确提出大力发展文化产业之后的几年里，我们的主要工作仍然集中于文化产业概念梳理、统计等方面，对外传播的关注度和支持度明显不足。部分对外传播的文化产品内容价值含量缺失，很多文化产品片面追求娱乐性、轰动性，还有的文化产品为了迎合西方部分受众，嘲弄历史英雄和楷模榜样，淡化和消解政治意识形态和价值信仰。大量类似的文化产品的对外传播不能真正代表当代中国文化，反而对我国文化和意识形态安全

带来威胁。

在这个过程中，媒体为了追求经济利益，忽视了媒体应该具有的社会道德及价值观引导作用，选择低俗化策略开展市场竞争。在对外传播中，一味地以新奇、猎艳、吸引眼球为出发点，造成了文化对外传播内容的失真，甚至加大了受众对当代中国文化的曲解程度。

（二）文化产业附加值低，文化产业链不够完善

文化产业与其他产业相比，有一个非常突出的特征就是高附加值，这种高附加值主要表现在产业链形态的延伸上。如一部电影拍完，可制成 DVD、影碟、游戏，还可实现品牌授权，使其价值得到进一步延伸。文化的竞争在一定程度上是文化产业链的竞争。目前，我国文化产业实现了一定程度的发展，但是总体上仍以粗放式发展为主，品牌效应不明显，附加值偏低，真正意义上的文化产业链经营格局尚未形成，衍生品的市场营销体系不够完善。相反，美国的产业链运营和管理上相对成熟。据悉，美国的电影收入 30% 是票房收入，其他均为各类衍生品（即产业链条上）的收入。《哈利·波特》《米老鼠与唐老鸭》等影视产品形成的全产业链商业模式在我国还少之又少。

（三）文化产品品牌意识弱，缺乏相应的文化精品和品牌授权

文化产业的业态支撑点在于文化品牌，文化品牌体现文化的精神影响力和国家与企业的核心竞争力。对于那些拥有文化产业品牌的发达国家来说，品牌呈现出相当大的市场竞争优势。它们不仅是文化企业的核心竞争力所在，而且把握了文化传播和文化存在的话语权。因此，文化品牌不仅仅是一种存在，更是一种力量。

品牌意识的缺失及品牌概念的弱化直接影响着品牌授权。品牌授权是市场营销的重要工具，也是打造品牌的有效方法之一。

它能让消费者清晰地识别和唤起品牌联想。品牌授权不仅可以带动品牌自身的利益，也可以协同相关企业一起发展，实现利益互赢共享。目前，我国文化产业整体品牌授权经营意识薄弱，品牌的覆盖面和渗透率不高。

（四）文化产品贸易逆差大，大型跨国企业集团稀缺

在2000年以前，我国文化对外传播大多是以"交流"的方式主动"送出去"的，对以产品、文化产业化的形式进行对外文化贸易重视不足。随着改革开放和经济的发展，我国成为国际贸易大国，我国的对外文化贸易也有了很大发展，文化产品的出口数量大幅增加。根据商务部的统计，2006年，我国的核心文化产品的进出口年增长率为23%，与2001年相比，增长了2.9倍，但是，如果只包括出版物、演出、音像制品这些核心文化产品，我国文化产品的进口是出口的100倍。其中68.2%的文化产品的出口是通过加工贸易的方式实现的，而且，我国文化产品的出口主要是玩具、乐器、家具、电子游戏、装饰品和图书等硬件产品，属于文化制造业的范畴，我国出口的原创性文化产品少之又少。虽然文化服务贸易的逆差有所缩小，但"文化赤字"现象仍很严重。

我国的文化产业园区建设落后，大型跨国企业集团稀少，文化产业集群零散，文化企业缺乏活力，也是对外传播文化产品和文化精神的瓶颈之一。在全球化的时代潮流中，国家文化形象的建构、传统文化精神的体现、现代文化价值的传播，其最有效的方式往往就是商业的方式，[①] 因此，进一步推动文化的产业化发展，以文化产品为载体，以文化市场为导向，以文化产业化模式推动文化"走出去"，是实现中国文化对外传播的重要路径。

---

① 贾磊磊：《让产业发展与文化传播互动》，载于《中国艺术报》2013年8月26日，第10版。

五、市场营销问题

文化的对外传播除了一般的文化交流,还离不开以一定利益手段为支撑的商业运作。一个完全、彻底的文化对外传播要有明确的市场定位,在充分明确目标受众的综合特征之后,开展全方位的整合营销。但是,目前我们的对外传播缺乏一定的市场定位和整合营销机制。

(一) 文化对外传播缺乏对目标群体的市场分析

我国文化的对外传播是面向全球的,这其中既有西方国家,也有儒家文化影响下的东方国家,对外传播面临的受众多元复杂。如果我们对于目标群体的来源地区、性别构成、文化程度、收入状况、社会地位等信息不甚了解,对于受众的媒介使用习惯、媒介使用评价、媒介使用动机等缺乏了解,那么,我们对外传播的文化内容的投放就缺乏精准化,对外传播效果一般。

2001年年初,时长60秒的中国国家形象宣传片之人物篇在美国纽约时代广场上首次亮相。据统计,该部宣传片从当地时间1月18日上午开始滚动播放,每小时播放15次,每天播放300次,到2月14日宣传期结束,共播放了8 400次。这样大规模、大成本、运动式的对外传播,是否得到了应有的传播效果?有研究者指出,不论是细查传播内容,还是从传播效果的角度进行评估,《中国形象片》似乎都没有触及国家形象宣传片与国家形象的传播、构建之间的本质关系。[1] 香港浸会大学传理学院孔庆勤博士认为,"引述很多美国人的话说,看了这个广告很紧张,第

---

[1] 李彦冰:《政治合法性、意识形态与国家形象传播》,载于《现代传播》(中国传媒大学学报) 2012 年第 2 期,第 70~72 页。

一个想法是：中国人来了，而且来了这么多；这一国家形象片传播效果不理想，让西方观众感到更多的是压迫感。"英国广播公司全球扫描的调查数据也证实了以上观点。调查显示，广告播出后，对中国持负面看法的美国人上升了10个百分点，达到51%。国家投入了巨大的人力、物力和财力，却在某程度上产生了相反的效果，这不能不引起我们的深思，其中最重要的原因就是对目标受众的不了解。

中国对外传播面对的受众是有智慧、有辨别力的，他们已经习惯了以受众为中心的媒介观，对于媒介的运作具有较高的理解，如果我们将对方作为宣传和意识形态输出的对象，受众会产生警惕。因此，关注受众的背景、来源、信仰、阶层、爱好、媒体使用习惯等，对于提高我国文化对外传播效果至关重要。

（二）文化对外传播缺乏相应的整合营销机制

"整合营销"理论产生和流行于20世纪90年代，是由美国西北大学市场营销学教授唐·舒尔茨（Don Schultz）提出的。文化领域的整合营销来自文化市场营销，是各种营销工具和手段的系统化结合。这种整合营销会根据环境进行即时性的动态修正，以使交换双方在交互中实现价值增值。当前我国文化的对外传播有相应的营销策略，比如搭建了"中国文化艺术节""中国文化周""汉语年"等文化交流平台，但在整合营销方面做得远远不够，尤其是传播主体、传播媒介没有充分实现协同效应。

在传播活动过程中，传播主体在传播结构中具有极为重要的地位。文化对外传播的主体主要包括国家政府、民间组织、企业、大众传媒、个人等。从受众的角度出发，信息源的公信力有一个递减规律：首推专家学者，其次是媒体，最后是政府。[①] 然

---

① 李智：《文化外交：一种传播学的解读》，北京大学出版社2005年版，第169页。

而，目前中国文化对外传播主体作用的发挥主要集中于政府和国家身上，对外文化传播的主导思想是："对内宣传和对外宣传相结合""中央电视台和各地电视台相结合，系统内和系统外相结合。"① 政府对传媒微观管理多，宏观管理少，中国文化传播力弱、时效性差，既影响传播者的形象和可信度，也影响传播的效果。此外，民间或非政府组织等在对外传播中发挥的作用不大，国民个人也缺乏文化对外传播的意识。

在传播媒介的使用方面，没有实现传统媒介与现代媒介的充分融合，没有实现国内媒介与国外媒介的相互补充，没有充分发挥海外的华人、华侨以及外国媒体的价值。多数情况下，各类传播媒介都单独发"声"，即使部分实现了媒介融合、线上线下的合作，但是媒介的协同效应远远没有达到，整合营销只做到了部分的营销，没有实现完全的"整合"。

六、话语权问题

文化的对外传播中使用什么样的话语体系至关重要。由于社会制度、文化背景和意识形态的不同，国内外话语体系存在一定差异，国内受众熟悉的话语并不一定适用于国外受众。根据我们目前的话语实践，大致可以把话语分为三大类型：民间话语、学术话语、官方话语。② 总体来说，我们的对外传播话语体系既不能很好地展示和体现中华文化的丰富内容和独特魅力，也不能很好地适应世界文化交流和传播的普遍规律。话语体系不成熟不理想，直接导致了中国文化对外传播的效果不佳。这种不成熟主要

---

① 杨伟光主编：《中国电视论纲》，中国广播电视出版社1998年版，第218页。
② 刘仲翔：《媒体传播与话语体系建设》，载于《国家行政学院学报》2017年第1期，第39页。

体现在三个方面。

（一）官方话语体系以严肃和规范著称，与西方话语风格有一定差异

由于东西之间文化和价值观念的差异，我国的官方话语体系与西方的话语风格存在一定的差异。比如，我国官方话语体系在对外传播的文化内容选取上，更多地强调集体主义和个人对国家的责任与贡献，更多地关注民族命运和国家强盛等宏大主题，对小人物和细节问题关注不够。另外，对外传播理念虽然在理论上实现了从"对外宣传"向"对外传播"的转换，但是在传播的实践中仍带有较强的政治气息，意识形态色彩浓厚，不符合西方受众的心理和主流价值观。不仅如此，很多时候官方话语的表达总是满足于直接翻译、照搬照抄，没有因地制宜地进行创造性转化，话语表达不够活泼、生动，有时会不自觉地陷入自说自话的困境。

（二）学术话语体系一定程度上存在不适应现实社会生活的问题

传播学产生于美国，20世纪70年代末至80年代初传入中国，并逐步发展起来。总体来说，我国的传播学理论西方化现象严重，其理论框架和知识体系大多是西方的传播学科体系。可以说，对外传播的学术话语体系与我国的传播实践有一定程度的背离，与大众的日常表达有很大距离。这种背离与差距，使得这样的话语体系很多时候不能实现中华话语、中国风格的转化。将中国文化通过智库、文化学者、学术界传播出去是一项非常复杂、困难的工作。

（三）民间话语体系不成熟，与国家主流文化存在一定差距

民间话语体系是自发形成的，是推动文化对外传播的民间力量。民间话语体系更多地依靠草根阶层、"自来水"式的民意表达，其传播的文化更多的是乡野文化，有时无法上升到主流文化的高度，甚至可能出现与主流文化相背离的现象。民间话语体系有时更多地以各类符号表达，而符号由能指和所指构成（其中"能指"具有确定性，又称为"明示"；"所指"是指通过符号载体来提示和表达的深层含义，又称为"隐含"），由于对外传播受众来自不同的文化体系，而在不同文化体系中，同一符号的所指往往不同，这样就可能造成民间话语对外传播不成功，甚至可能会起到负面作用。

如果在"话语"层面不能很好地解释自身发展，随着中国经济实力的不断增强，政治经济辐射力的增强，中国的发展与崛起就有可能被扣上"殖民"和"霸权"的帽子。因此，我国推进文化的对外传播迫切需要转换、创新话语体系，在国际舆论场上努力形成中国表达、中国修辞和中国语意，同时在转化的过程中对接国外习惯的话语体系、表达方式，让国际社会更易于理解和接受。这是中国特色、中国风格、中国气派话语体系创新的逻辑起点。

七、评估与反馈机制问题

"没有测量，就没有管理"，现代管理学之父德鲁克的经典名言在文化传播领域同样具有深刻的意义。这里的"测量"就是传播中的"评估"与"反馈"。在一个完整的文化对外传播体系中，离不开一定的评估与反馈环节，这是了解对外传播效果、改进对外传播方式、丰富对外传播策略的重要工作。但是，长期以来，在对外传播实践上，我们的对外传播"只问耕耘，不问收获"式的单向传播多，而互动交流加评估效果的双向传播少，相应的评估反馈机制不完善，存在一定的弊端。

第五章　当代中国文化对外传播中需要解决的问题

（一）对外传播评估测量方法单一

当前我国对外传播的效果主要是通过文化贸易额和受众调查来测评的。此外，还有一些主观的定性结论，比如，有的通过最终的文化贸易额来衡量文化对外传播效果。文化的产业化路径、文化贸易只是文化对外传播的一个重要通道，其他渠道的文化对外传播却不能从单纯的文化贸易额中获得，需要我们采取一定的方法进行评估和测量。

目前我国国内普遍采用的评估方法是受众调查法，这种方法通过线上和线下等途径帮助传播者了解受众对其所传信息的态度和满意程度，一定程度上能够了解相应的文化对外传播效果。同时，受众也可以通过互联网、手机客户端等进行一定的信息反馈。但是，由于受众的国别、文化、生活方式差异始终存在，跨国、跨文化的受众调查设计及实施存在很大难度，因而，受众调查法可能不宜作为对外传播效果评估的主要方法，而应当是其中的辅助性手段。随着对外传播广度和深度的逐步扩展，以及传播过程、传播受众的日益复杂化，单一的评估测量方法并不能对整个传播过程进行有效测量。我国文化对外传播的效果评估、监测环节整体落后于文化传播的进度。

（二）对外传播反馈机制不健全

传播学上的反馈是指传播者发出信息，受传者接受信息产生反应，并把这种反应回传给传播者的过程。反馈是文化传播中的一个环节，对提高传播效果和引导舆论具有非常重要的作用。

文化的对外传播是一项系统、复杂的工程，无论是哈罗德·拉斯韦尔的"5W"模式，还是布雷多克的"7W"模式都告诉我们，对传播体系中单一层面的评估和监测，并不能囊括整个传播通道。对外传播是一个不断的连续过程，综合性、动态性、互动性的文化对外传播反馈机制是急需的。

一直以来我们高度重视对外传播的反馈环节，但是反馈效果一般。当前，随着信息技术手段的进步，我们更多借助于互联网、社交平台、社区论坛等了解国外受众的反馈信息，但是这样的反馈大多不系统、不科学，甚至由于网络空间的无序，有时候会造成部分反馈与传播信息脱钩，反馈内容的真实性、客观性与科学性无法保证。我们相对健全的反馈机制长期处于阙如状态，需要我们在归纳分析以上问题的基础上，有针对性地改善现有做法，建立健全相应的受众反馈机制。

第六章

西方发达国家文化对外传播的经验

近年来,国际传播整体格局正变得日益多元,但美英等国仍居于核心地位,他们不仅有强大的经济实力,更有在强大经济实力基础上的强势文化,在文化对外传播战略和举措方面积累了许多值得借鉴的成功经验和做法。本章主要对美国、英国、法国、德国等国对外传播经验进行归纳总结。

一、对外传播主体广泛化

文化的对外传播不仅是政府外交工作任务,也是民众、媒体共同的责任。强势文化国家都非常重视文化的对外传播工作,注重充分发挥各类传播主体的作用。

美国文化对外传播主体具有多元化、广泛化的突出特征。美国公共外交办公室负责国内教育和文化事务,并且制定了一系列保障文化交流的法律,如《富布莱特法案》《史密斯—蒙特法案》《对外援助法》《富布莱特—海斯法案》及《对古巴的电视广播条例》等,法案给美国各项对外宣传交流活动赋予了合法性,避免了由于国内政局不稳对美国外交产生的影响。"更值得我们学习的是美国社会各个阶层为国家利益进行总动员的那种高度的自觉和默契。主流媒体造势，重要政客发言，外交展开协商，利益集团游说，民间智库求证，并且每个环节都能抓住重点，在相当一段时间内集中全球的注意力。这一点，是很多国家都望尘莫及的。"①

法国也是最早推行积极对外文化传播政策的国家之一，其对外文化传播政策的制定和执行甚至比对内文化政策的实施还要早。但是，一直以来，法国的对外传播系统因运作效率低、各自为政、战略方针落后、运营成本高、缺乏一致性及对受众的吸引力不强而备受批评。鉴于这种状况，2007年，在总统萨科齐的倡议下，法国政府对外传播系统进行了改革。改革的目标就是改善法国对外传播媒体间的互助协调机制，优化各媒体内部及外部的沟通机制，加强其战略、财政、法规及人为资源规划的协调性，并借助技术的创新，提高了运作效率，有效降低了生产成本。目前，法国的对外文化传播形成了以外交部为主导的"一部三网"②的组织架构，成为其在世界进行文化推广的有力武器。法国政界曾用"无与伦比"来形容该架构，并把其视为维护法国"文化大国"地位的基本工具。此外，法国使领馆文化处、法语联盟、法国文化中心以及法国对外视听传播网各司其职，互相合作，形成了强大的文化传播力，使法国成为拥有最完善国际文化传播渠道的国家。

作为老牌的资本主义国家，英国同样高度重视文化的对外传播。英国政府和民间媒体力量紧密结合，形成了目标一致的价值取向和强大的对外文化传媒体系。德国联邦政府按照"公共—私人伙伴关系"多元参与原则，推进德国文化对外传播，形成了一个多元参与的传播主体。此外，德国学术交流中心、

---

① 张国庆：《话语权——美国为什么总是赢得主动》，江苏人民出版社2011年版，第250页。
② "一部"指外交部及其下属的文化行动合作处，"三网"分别指法国文化中心、法国对外视听传播控股公司和受法国外交部资助的法语联盟的传播网络。

歌德学院、德国海外学校中心、教育交流中心、德国对外关系学会、德国之声等机构成为德国对外文化传播的多元化参与力量。

二、对外传播载体多样化

对外传播的载体多种多样，对于西方发达国家来说最主要的有两种：语言和文化产业。在具体的战略操作过程中，语言和文化产业交织在一起，形成了语言和文化产业互为补充、互为促进的两种基本战略。

（一）充分发挥语言优势，大打语言牌

语言是文化的重要载体，是一个民族历史延续和文化独立的标志，是人类社会在人际传播过程中最重要的交际符号。拥有语言优势能够更好地将自己的文化价值观传递出去。西方发达国家都重视本国语言的国际推广，并把语言输出作为传播本国文化和价值观的重要手段，使本国的文化在世界多语言和多文化的格局中占据重要地位。

美国将语言作为"语言战略武器"，倾力向世界推行英语，并把语言和文化的国际推广提升到国家安全的高度，制定了各种积极策略。美国之音广播电台（VOA）作为世界上最大的新闻广播机构之一，制作的英语节目被誉为"一部活的教科书"，帮助全球各地的英语爱好者学习现代英语，在带领人们进入"原汁原味"美语世界的同时，传播美式文化与价值理念。此外，美国向其他国家推出大量留学项目、英语培训、移民计划等。对此，美国国际外交咨询委员会指出，对外交流和培训对美国的对外关系有着直接的和多重的影响，是其最有价值的工具之一。美国正是凭借其强大的经济和信息科技优势使英语推广如虎添翼。据统计,目前78%的网上语言是英语。托夫勒在《权力的转移》中指出:"世界已越来越离开依靠暴力与金钱控制的时代,而未来世界政治的魔方将控制在拥有信息强权的人手中,他们使用手中掌握的网络控制权、信息发布权,利用英语这种强大的文化语言优势,达到暴力与金钱无法言喻的扩张性。"① 正如美国人所希冀的:"如果世界趋向一种共同语言,它应该是英语……如果共同的价值观正在形成,它们应该是符合美国人意愿的价值观。"②

除了美国,许多国家都在有计划地实施各自的语言战略,并努力扩大语言的国际影响。

法国政府非常重视法语文化的对外输出。早在1883年,法国就建立了负责对外教学和推广、遍布全球的庞大法语教学网络"法语联盟"。现在法国已形成由164个使馆文化处、142个文化中心、96座法国学院和850个法语联盟构成的海外文化传播网络。这些机构每年举办艺术节、演出展览、论坛讲座等各类活动达5万余次,在促进法国文化产品出口、展示法国艺术成果、增进与各国交流的同时,也在源源不断地输出法国的核心价值理念。1975年开播的法国国际广播电台,每天用法语及19种外语向全球24小时播音。法国在语言教学时不忘灌输法国文化,宣扬法语代表一种"地位""修养""生活的品位"。法语联盟的前名誉主席希拉克曾说:"法语联盟一直是法语国家的前方哨所"。法国曾通过一项法律,要求在法国的互联网上进行广告宣传的文字必须译成法语;要求确保莫里哀和加缪的语言不在信息高速公路上漏掉。此外,作为在全球反对美国文化霸权主义的先驱者和领导者,法国提出了"文化多样性"原则,并倡导世界各国签

---

① [美]阿尔温·托夫勒著,刘红等译:《权力的转移》,中共中央党校出版社1991年版,第49页。
② Rothkopf, D. In Praise of Imperialism, Foreign Policy. No. 107, Summer, 1997. 45.

第六章 西方发达国家文化对外传播的经验

署文化多样性协定,以保护本国的文化特质。

德国同样重视通过德语来增强国家软实力。德国建立了覆盖全球的德语文化对外宣传网络。歌德学院是德国的文化中介机构之一,是德国对外文化政策的重要执行者。歌德学院的主要工作是语言工作、文化活动和咨询服务,在德国对外的文化推广传播中占据核心和主导地位,正如德国驻华使馆墨沛博士所言:"德国在海外文化方面的工作主要是靠歌德学院,使馆只做很小的一部分,也就是办公室的工作。"德国已在世界范围内建立了128所歌德学院分院、117所驻外德国学校、14所德国学术交流中心分支机构和48所信息中心、180家由德国政府资助的外国文化协会、12家各类研究所,[①] 它们对于传播德国核心价值观发挥了巨大作用。除了歌德学院,德国重视德语在海外高校的传播和推广,为在海外高校培养高层次德语人才提供保障。其中,德国学术交流中心是海外高校德语对外传播的重要机构。此外,德国高度重视对海外中学生的德语推广,不断启动和实施海外中学德语推广项目。

英国同样将英语的世界传播作为自己的使命,很早就将英语的推广作为国家战略,通过各种渠道,推动英语在全世界的普及。1934年成立了英国文化委员会,伊丽莎白女王是英国文化委员会的庇护人,查尔斯亲王是副庇护人。英国的文化委员会在全球共计有300多个分支机构和教学中心,它的任务就是推广英语,传播英国文化。第二次世界大战后,英国把英语的推广和普及视为政治、军事和经济以外的第四个层面的外交活动,英国文化委员会的最初使命就是推广英语,传播英国文化。1954年,英国政府正式把英语推广纳入国家战略框架。根据发展规划,2015年实现让全世界一半以上的人口讲英语。目前,"英语几乎

---

① 窦小文:《德国重塑国家形象的经验与启示》,载于《对外传播》2008年第12期,第54页。

成为评价人才的尺度与标准"。① 这些机构服从、服务于国家特定历史阶段的整体外交政策和利益诉求，实质上都代表了国家的利益取向，是所在国文化对外传播的重要工具。

（二）注重产业化路径，大力发展文化产业

文化产业具有经济性和文化社会性，与之相应，文化产业具有经济的和社会的双重效益。正是因为对文化产业双重属性的清醒认识，一些发达国家很早就将文化产业视为对外贸易的主导产业。英国最早提出"创意产业"战略，德国提出建立"文化国家"的战略，日本和韩国提出"文化立国"的国家战略，法国、加拿大等国家提出"文化例外"主张。这些国家已经充分认识到，文化产业承担着价值观和意识形态建设的重要使命。

美国大力发展文化产业，充分利用文化产业以及其贸易渠道，大力开拓和占领世界文化市场。美国学者詹姆斯·彼得拉斯（James Petras）说："美国的文化产业有两个目标：一个是经济的，一个是政治的。经济上是要为其文化商品攫取市场，政治上则是要通过改造大众意识来建立霸权。"② 好莱坞大片、电视综艺节目、流行音乐、书籍和电脑软件等是美国最大的出口产品，每年都能获得丰厚的经济利益。美国主要新闻媒体发布的信息量是世界其他国家发布的总信息量的100倍，世界上75%的电视节目和60%的广播节目是由美国生产和制作的。这些以文化产业为载体的文化传播，一方面获得丰厚的经济收益，另一方面也将美国的道德、理念、文化、品牌传播到全球，可谓一举多得，尤其是以好莱坞为代表的美国影视产业。

早在1961年，诗人卡尔·桑得堡就写道："什么？好莱坞比

---

① 崔玉宾:《中国文化"走出去"的现状及对策分析》，载于《人民论坛》2013年第2期，第173页。
② ［加］马修·弗雷泽，刘满贵等译:《软实力：美国电影、流行乐、电视和快餐的全球统治》，新华出版社2006年版，第33页。

哈佛重要？没错，好莱坞虽然比不上哈佛纯净，但它的触角伸得更长。"[1] 好莱坞大片向我们讲述的不仅仅是一个个的故事，还传播了隐藏在故事背后的文化和价值观。对此，美国前总统里根曾说："（美国）政府要大力推动美国电影走向世界，因为好莱坞的电影走到哪里，就把美国的价值观念和商业利益带到哪里。"目前，好莱坞电影在世界电影生产总量中约为6%，但却占世界电影放映时间的80%,[2] 取得了大约75%的电影院放映总收入，它所负载的美国文化价值理念对世界各国的消费者产生巨大影响。

不仅是好莱坞电影，美国的其他影视创作也采取多样化的方式和手段，潜移默化地影响着非西方国家的民众。美国电影（包括真人电影和动画电影）的创作主要采用了三种文化策略来实现其影片的有效传播：本土文化策略、跨文化策略和全球文化策略。其中"本土文化策略"主要用于占领国内市场，而"跨文化策略"和"全球文化策略"则用于开拓海外或国际市场。所谓"跨文化策略"，即以外民族文化为表现对象——如《功夫熊猫》中的中国传统文化元素——实际上是用外民族文化作"外衣"；而"全球文化策略"则以世界共同关注的热门话题为"诱饵"，如《阿凡达》中"地球能源枯竭，地球人如何继续生存"的问题。如此，所以前者能深得外民族观众的好感，而后者则有可能在世界范围内产生广泛共鸣。[3] 美国的电视综艺节目类型更是层出不穷，《美国偶像》《急速前进》等节目版权被售卖到世界各地。

美国重视各种衍生品的开发和创作，注重文化产业链的延长

---

[1] ［美］约瑟夫·奈著，马丽娟译：《软实力》，中信出版社2013年版，第64页。
[2] 张燕：《从好莱坞电影看美国文化传播及对中国的启示》，载于《今传媒》2014年第3期，第24页。
[3] 盘剑：《中国动漫如何"走出去"——论中国动漫对外传播的现状、问题与策略》，载于《东岳论丛》2012年第1期，第59页。

与打造。如美国的迪士尼公司在推出动画片的同时,还在世界各地建立主题公园,创办文化节,制作玩具、图书、电子游戏等。美国的文化产品输出与扩张,不仅严重影响发展中国家的文化产品和经济利益,而且也潜移默化地影响着发展中国家国民的价值观念。①

从文化贸易角度来看,在当今美国400家实力最强的公司中,有1/4是文化企业,其出口额在2000年就达到了720亿美元。从1996年开始,美国文化产业超过了航空业等传统工业,成为最大的出口产业。

法国有着重视文化构建的悠久传统。法国每年举办2 000多个文化艺术节,包括巴黎在内的许多城市都是国家级甚至世界级文化机构的所在地。法国发展出极富特色的文化品牌,如1910年开始的每年两次的"巴黎时装周",如今已成功实现了城市文化软实力的有效外化。此外,法国的美食、葡萄酒、化妆品等,也都具备了"跨文化"的功能,对营造法国国家形象和传播法国文化至关重要。全球消费者对法国产品的钟爱,包含着对产品所蕴含的法国文化及其内在价值观的认同,甚至是对法国文化的痴迷。在影视产业发展方面,法国不仅是世界电影的故乡,也是电影生产大国。多年来,法国制作了观众耳熟能详的众多影片,比如《钢琴教师》《巴黎夜未眠》《光荣岁月》等。为促进和保护本国电影业的发展,提高国产影片的竞争力,法国从1948年开始便颁布政府令,规定国家对电影业的生产、发行和放映给予扶持性资助;政府还通过国家电影中心对电影业进行政策指导和财政资助。这些举措对法国文化产业的发展具有积极的促进作用。

德国在文化产业发展方面,表现突出的是出版业。德国是世

---

① 张骥等著:《中国文化安全与意识形态战略》,人民出版社2010年版,第32页。

界出版大国，他们通过五花八门的德国"符号"推销商业、文化、政治、生活方式和价值理念，制造"全球趣味"；通过商业运营和文化资本的渗透，使"德国内容"深入人心。在德国的出版集团中，最为突出的是贝塔斯曼集团。1995年，贝塔斯曼将"书友会"的概念带到中国，在中国的会员数一度达到150万人，并创建了中国最大的图书俱乐部。贝塔斯曼利用各种合作方式参与图书出版的各个环节，然后通过强大资本达到对出版内容的影响和控制。另外，由德国政府主办的杂志《德国》以11种语言在全球180多个国家发行，它传递了现代德国开放、包容、自由的核心价值理念，成为德国对外传播的名片。

除了出版，德国每年举办众多的戏剧节、音乐节和电影节。对于很多德国人来说，戏剧已成为生活中不可或缺的一部分；而德国瓦格纳音乐节每年都有8倍于座位数的听众来订票；柏林国际电影节则成为欧洲三大国际电影节之一。这不仅促进了国际文化交流和艺术的繁荣，而且将德国的文化价值观不留痕迹地植入大量游客的观览之旅中。

可见，产业化路径以及产业化形成的文化产品是西方强势文化国家文化对外传播的重要手段，他们通过多样化的叙事手段和表达方式，将自身的文化价值观念传递到世界各地。这也是我国文化对外传播过程中需要借鉴和努力的方向。

三、对外传播形式多元化

当前，美国等西方国家为传播自身文化，一般都采取各种形式进行话语的包装和设计，并积极参与国际事务、主动设置相关议程，以占据国际舆论制高点。

在话语包装方面，西方国家把西方价值观上升到人类社会普遍性的高度，等同于"普世价值"，意欲推动西方价值观的全球化,维护西方文化和价值观的地位。美国白宫公布的2010版《国家安全战略》报告明确提到了"普世价值",这是美国联邦政府在官方文件中首次正式使用"普世价值"一词。在"普世价值"正式作为美国官方话语之前,"自由、民主、人权、法治"等词汇是美国在谈论价值观、意识形态、政治制度时最常使用的官方话语。在引入"普世价值"一词后,美国把"普世价值"定义为以美式"自由民主"为核心的价值观。在"普世价值"的对外传播过程中,西方国家将所谓的"普世价值"主义化,以"自由"的名义开展思想渗透,以"民主"的借口实施离间分化,以"人权"的标签制造事端,目的是在全球范围内控制意识形态话语权,以谋求在全世界范围内发挥领导作用,建立符合其意愿的"世界新秩序"。① 除此之外,在对外传播中还实现了以英特尔、苹果、戴尔、IBM等科技符号为代表,以及以迈克尔·杰克逊、好莱坞、百老汇、华纳兄弟等文化符号为代表的多样化包装形式。

除了推崇"普世价值"和进行话语包装外,西方国家还巧妙地设计传播过程,积极主动地参与议程设置,争夺国际话语权。文化对外传播学史上具有重要影响的学者之一李普曼(Lippmann),开创了今天被称为"议程设置"的早期思想,并认为人类其实是生活在两个环境中:一个是现实环境,另一个是拟态环境。前者是独立于人的意识和体验之外的客观世界,后者是存在于人的意识或被直接体验的主观世界。通过议程设置构建拟态环境可以使民众容易相信那些先入为主的事情,而对于那些与之不相符的事实却往往视而不见。当媒介在进行传播时,首先要对事件做出定义、进行"编码",这一过程事实上就是在行使媒介的"议程设置"功能,并在很大程度上影响到大众对事

---

① 郭榛树:《"普世价值"思潮的自我包装术》,载于《红旗文稿》2015年第3期,第11页。

件的看法、态度和价值判断。近年来,"有学者曝光了一份美国国家民主基金会(NED)于2012年在中国问题上花费750万美元的详细资助清单,他们用重金捧出互联网时代的意见领袖,并花费巨资支持包括各种基金会、人权中心在内的无政府组织的活动,这些意见领袖和组织在引导中国网络舆论的发展方向方面确实表现出了不俗的成绩。"①

全球化、信息化时代,国际社会对一国的认知与评价很大程度上受到国际议程设置的影响,而作为国际议程设置最重要的主体国家,其在议程设置上所体现出的意向及能力,直接关系到一国能否在国际社会得到自身所期望的认知评价。美国在与中国的国际交往中,在人权问题、全球环保问题、全球金融危机问题、涉藏、涉疆、民主、人权、军费、国内腐败现象、分配不公等问题上蓄意的议程设置、选择性的舆论报道、随意的主观定性等,表面上看,只是期望国际议题朝着自己的既定方向发展,却可以引导大众对其价值观念的理解和认同,并进而对大众的价值观念形成濡化影响。

因而,议程设置能力是一国国际话语权的重要考量指标。西方强势文化国家注重自身政治话语和知识话语体系的对外推广,积极参与议程设置,为维护西方价值观的地位提供了有效的话语支撑。

四、对外传播基础系统化

文化影响力不仅取决于文化内容的独特魅力,更离不开先进的传播手段和强大的传播能力,这些构成了一个国家强大的对外

---

① 李江静:《西方国家推行话语霸权的隐蔽性策略及其应对》,载于《红旗文稿》2017年第3期,第36页。

传播基础。

信息革命从根本上变革了通信工具和交流手段,开辟了文化传播和文化交流的新时代。在这样的时代,新媒体裹挟着数字和网络技术的强大优势,正在深刻改变着媒体格局和舆论生态。谁掌握了信息传播源和信息传播载体,谁控制了卫星、广播、电视和互联网,谁就可以在国际社会的文化舆论中抢占制高点,掌握主动权。在这样的发展态势下,西方国家凭借其强大的经济、科技优势,牢牢把握了信息化、数字化传播体系的控制权,运用全球化的载体和信息化的工具传播着西方文化价值观。据统计,西方七国垄断了90%以上的世界新闻;全球50家媒体娱乐大公司拥有世界95%的文化市场份额;世界音乐出口的90%由发达国家大集团垄断,许多发展中国家的音乐也在发达国家录制和出口。① 由美国时代华纳、迪士尼以及德国的贝塔斯曼等领衔的全球50家最大媒体娱乐公司,占据了当今95%的国际娱乐市场。

美国是世界上传媒业最发达的国家,凭借其强大的经济实力和高科技的优势,控制了现代通信及传播技术,建立起了覆盖全球的信息传播体系。美国拥有美联社和合众国际社两大通讯社,拥有强大的ABC、NBC、CBS、CNN四大电视网。美联社和合众国际社使用100多种文字,向世界100多个国家和地区昼夜发布新闻,平均每天向世界各地的用户发布新闻稿约700万字和大量图片,从总体上主导着世界舆论。在占据了全世界媒介系统的九家公司中,美国就占了五家,包含美国的时代华纳、迪士尼、维康、美国电话电报公司和通用电气公司,形成了名副其实的全球传媒帝国。

美国的广播电台和电视台同样是文化输出的重要渠道。美国每年向别国发行的电视节目总量达30万个小时。"美国之音"自

---

① 季琼:《国际文化产业发展理论、政策与实践》,经济日报出版社2016年版,第169页。

第六章 西方发达国家文化对外传播的经验

1942年开播一直到现在，已经使用50多种语言向全球播音，在全球有4 000多家广播电台转播和重播其节目。此外，还设立了"自由欧洲电台"和"自由电台"，主要针对亚洲国家播音。除了美国媒体的传播强势外，由于联合国总部等众多的国际性组织总部设在美国，更使美国媒体对国际舆论的影响日益扩大。

1978年，美国国际通讯社创立，卡特总统强调，这个新机构具有双重职责，它要向世界讲述美国的社会和政治，特别是美国对文化差异和个人自由的承认，还要向美国讲述世界，以便于丰富美国的文化和使美国有效地处理国际问题。美国前总统尼克松认为，应当重视加强自由欧洲电台和自由电台的工作，并且建立能同苏联宣传直接竞争的类似电台。

互联网兴起后，美国充分利用各种现代大众传媒手段，在全球范围进行文化渗透。目前，美国文化占据了全球网上信息资源的90%[1]，互联网上的中文信息不到总量的万分之一，而不受美国控制的英文信息也不到万分之一。[2] 美国率先提出建设全球信息高速公路，其初衷是通过实现高度信息化，扩大市场，刺激经济增长，但它客观上为美国文化的传播提供了更便捷的途径。

英国同样是传媒大国，有世界最为先进的传媒业，拥有世界上第一座电视台BBC。BBC是西方最大的广播机构之一。在日常的运作中，BBC用27种语言对全球广播，介绍英国的社会和对外政策，推广英国的政治主张和文化价值，并且还不断打造电视剧和纪录片品牌节目，向全世界讲述英国故事。此外，英国还有世界上最为强大的传媒院校，谢菲尔德大学、威斯敏斯特大学、莱斯特大学，伦敦政治经济学院等学校的传媒专业久负盛名，为英国培养传播人才、打造传媒帝国创造了条件。

---

[1] 张立平：《意识形态与美国外交政策》，上海人民出版社2006年版，第87~89页。

[2] 韩源：《文化渗透是一场"思想的战争"》，参见http://www.sohu.com/a/106089176 425345。

法国最突出的做法就是积极构建覆盖全球五大洲的法语视听网络。法国国际广播电台、法国蒙特卡洛中东广播电台、法国电视五台、法国24电视台、法新社等媒体通过卫星，向世界各国传送法语节目和信息，全面推广法国文化，传播法国价值，展现法国形象。

总之，西方发达国家正是通过语言推广全面化、文化贸易全球化、资本支持国际化和商业运作跨国化，实现文化传媒的"传播培育"功能，将本国文化与文化产品进行有机融合和高效传播。西方强势文化国家对外传播的有益做法是我们应该借鉴和吸收的。

第七章

当代中国文化对外传播策略

2016年,在中央全面深化改革领导小组第二十九次会议上,审议通过了《关于进一步加强和改进中华文化走出去工作的指导意见》,该意见指出要创新内容形式和体制机制,拓展渠道平台,创新方法手段,增强中华文化亲和力、感染力、吸引力、竞争力,向世界阐释、推介更多具有中国特色、体现中国精神、蕴藏中国智慧的优秀文化,提高国家文化软实力。2017年1月,中共中央办公厅与国务院办公厅联合印发了《关于实施中华优秀传统文化传承发展工程的意见》,该意见提出,到2025年,中华优秀传统文化传承发展体系基本形成,研究阐发、教育普及、保护传承、创新发展、传播交流等方面协同推进并取得重要成果,具有中国特色、中国风格、中国气派的文化产品更加丰富,文化自觉和文化自信显著增强,国家文化软实力的根基更为坚实,中华文化的国际影响力明显提升。可以看到,以上两个文件的连续出台,一方面体现了中国文化对外传播的紧迫性与重要性,另一方面也让我们看到中国文化"走出去"、当代中国文化对外传播策略的复杂性与系统性。以上两个文件分别从体制机制、渠道、文化内涵、手段方法等方面进行了顶层架构,是我国文化对外传播的行动指南。

当前,世界进入了新媒体传播时代,中国文化传播也面临新的挑战。如何让中国文化的价值得到全世界的进一步认同,如何进一步拓宽中国文化的传播平台和传播渠道,如何改进国际传播方式、提高国际传播效果等,显得尤为重要和迫切。

一、当代中国文化对外传播的基本原则

(一)民族性与世界性原则

文化传播,尤其是对外传播总是在一定的文化和社会环境下进行的。不同的民族国家由于不同的地域情况和特殊的发展环境,在历史的发展过程中形成了不同的民族文化。德奥传播学派的格雷布内尔(Graebner)曾经用"文化圈"来概括文化现象,认为世界每一个"文化圈"都是由一定数量的文化特质构成的。与"文化圈"概念比较接近的理论,是由美国文化传播学派创始人弗兰茨·博厄斯(Franz Boas)及其学生韦斯勒(Wessler)阐释的"文化区"观点。文化区是依文化的异同而划分的区域,例如世界上可以划分出阿拉伯文化区、中国文化区、欧洲文化区、印度文化区等。一个文化区又可以划分为不同的"文化带"。德国的斯宾格勒(Spengler)将人类文化或文明划分为埃及的、希腊的、罗马的、印度的、中国的等几种类型。英国著名历史学家汤因比在其名著《历史研究》中,进一步将历史上出现的人类文化划分为多种文明。而根据联合国教科文组织《世界文化报告》的说法,世界上有几千种文化。我国的国学大师季羡林认为,"纷纭复杂的文化,根据其共同之点,共可分成四个体系:中国文化体系,印度文化体系,阿拉伯伊斯兰文化体系,自古希腊、罗马一直到今天欧美的文化体系。再扩而大之,全人类文化又可以分为两大文化体系:前三者共同组成东方文化体系,

后者为西方文化体系。人类并没有创造出第三个大文化体系。"①不管文化如何划分，人们无法否定的是，文化之间存在着某种无形而又清晰的边界，这种边界的形成就在于每一个地区、民族、国家独有的民族文化。

"越是民族的就越是世界的"，当代中国文化对外传播要坚持民族性，将自身的民族特色和民族文化传播出去。民族文化的对外传播有助于丰富世界文明的宝库，正如美国跨文化交流研究学者萨默瓦（Samovar）指出的："文化间交流的精髓就在于实用性、理性和民族性。我们逐渐认识到文化和交流的前提在于个性化。因此我们对于文化间互动的理念可以用所有文明得以生存的第一定律概括：保持多样性。"②

文化对外传播是存在一定规律的，一般来说，当文化在相同文化圈下的民族和国家之间进行流动和融通的时候，由于相同的文化背景和社会认知，文化传播就较容易取得好的效果。但是，放眼全球，不同民族文化之间的差异是始终存在的。适当的差异会形成一定的好奇和悬念，进而推动对外传播的顺利进行，促进传播效果的达成。而过多的文化差异则会造成两个文化间不可调和的冲突，产生文化噪音，甚至出现所谓的"文化休克""文化折扣"等问题，造成传播障碍，影响对外传播的效果。

英国学者多德（Dodd）曾经指出：当来自不同文化背景的人们在某一领域相遇并进行交流和沟通时，会产生焦虑，彼此的第一感觉是"我们如此不同"。多德称这种感觉为感知文化差异。③ 美国人类学家奥伯格将这种文化焦虑所带来的不安和痛苦称为"文化休克"。"文化休克"是一种文化不适之症，其影响

---

① 周鸿铎：《文化传播学通论》，中国纺织出版社2005年版，第10页。
② Larry A. Samovar, Communication Between Cultures, Cengage Learning, 2012.
③ C. H. Dodd. Dynamics of Intercultural Communication (5th edition), Mcgraw-Hill, 1998.

主要诉诸心理,表现为兴奋、焦虑、沮丧、不安、惊奇、失落等感觉。"文化折扣"(cultural discount)又译作"文化贴现",是加拿大学者柯林·霍斯金斯(Colin Hoskins)等人在《全球性电视和电影:产业经济学导论》一书中提出的概念:扎根于一种文化的特定的电视节目、电影或录像,在国内市场很具吸引力,因为国内市场的观众拥有相同的常识和生活方式;但在其他地方吸引力就会减退,因为那儿的观众很难认同这种风格、价值观、信仰、历史、神话、社会制度、自然环境和行为模式。① 文化折扣直接影响并制约着受众或消费者的接受程度以及产品经济效益的实现。文化折扣高的产品,较难激发受众兴趣,文化折扣低的产品,则易于为消费者接受。为避免以上这些问题,要通过在跨文化交流中寻找两种文化的共同点,消除这种焦虑和不安,以实现文化与文化之间的交流、融合。

因此,当代中国文化在对外传播过程中除了重视文化输入国的民族特色之外,还要坚持一种世界性的原则,在文化调适的过程中实现文化共享。正如美国语言文化学者科罗宁(Cronin)所说的,跨文化交流的目的不在于双方获得共同的方向,而在于相互调适,以争取别人的理解、认同和尊重。

(二)传统性与现代性原则

"传统与现代"是相对立又统一的一种关系范式。坚持文化对外传播的传统性,并不是只纯粹地传播"传统"的东西。如果一味地坚守我国传统文化的固有形式,对当前文化发展的诸多新元素充耳不闻,传统文化也必然因缺少生机而逐渐被淘汰。事实上,传统文化的传承与发展过程本身就是一个文化不断创新的过程。因此,文化对外传播在坚守传统性的同时,还必须注意传

---

① [加拿大]考林·霍斯金斯著,刘丰海、张慧宇译:《全球电视和电影:产业经济学导论》,新华出版社2004年版,第16页。

统的现代性转化与包装。比如，同样一则文化信息，以文字的形式传递出去有时候就比不上以图片和音频方式传播。

中国文化对外传播中的现代性原则还包含传播内容的现代性与当下性。中国文化对外传播的内容除了中国优秀的传统文化外，也不能丢掉我们所创作的现当代一切优秀成果。

1980年，中日合拍片《丝绸之路》在日本播出后，引起强烈反响。时隔20多年，2005年版的《新丝绸之路》却没能在日本引起同样巨大的轰动。对此，日本NHK的副总裁天城彦认为，原因在于现在全世界人民更关注的是充满活力的政府，而不是历史。中国文化源远流长，蕴藏着深厚的文化底蕴和人文精神。但是，在具体的文化传播时要着眼于传播当代中国形象，要"用最现代的艺术语言来体现最传统的中国文化。"[①] 2011年上映的话剧《黄粱一梦》很好地诠释了这样的道理。《黄粱一梦》源自中国唐代的传奇小说《枕中记》，该剧以"最简单的故事，最直接的方式，最东方的思想，最中国的手法"对中国戏剧的国际化进行了一次大胆的尝试。此剧目在2011年法国阿维尼翁戏剧节首演，连续演出24场，获得观众的一致好评，被称为"最中国的参演剧目"。因而，真正伟大的艺术作品仅仅传承传统还不够，还需要触及社会现实生活，涉及人类社会经验，为当代的问题寻找答案，帮助人们理解产生问题的环境。

（三）共生性与包容性原则

"共生性"本是一个生物学概念，强调的是生物物种相互依存的一种状态。这里将生物学的这一概念用于对外传播中，强调的是由传受双方共同经验范围带来的共同价值认可和情感共鸣。依据国际关系的建构主义理论，国家的形象或身份是在国际社会

[①] 彭吉象：《全球化语境下中华民族影视艺术》，北京广播学院出版社2003年版，第110页。

"社会性地"建构起来的,而这种集体性的身份及其认同是由相关各方共享的"共有观念"或知识所建构的。共有观念是相关各方单方面或集体共同提供的。提供或参与提供共有观念的国家对观念共同体内的相关国家的身份、利益及行为具有引导和规范力。① 那么,什么是人类共有的观念和经验范围呢?共有的经验范围首先源自人们共有的兴趣。人类存在着共性,不论文化背景如何不同,人性中仍然有相通的层面,否则整个人类社会就根本无法互相了解。人类兴趣可以分为三种类别,即全球性的普遍兴趣、区域性的特殊兴趣、时间性的热点兴趣。一些全球性问题,如人口膨胀问题、人类生存环境问题、社会贫富悬殊问题、人际道德关系问题、社会治安问题、人口老龄化问题等,都是世人关心的普遍问题,有关这些内容的新闻报道很容易引起受众的兴趣。

俄国文学理论家巴赫金(Bakhtin)的"对话理论"也强调传播符号的共享性及传受双方的主体、平等性和能动性。他认为:人类社会生活的一切都归结于对话,它不是个人"独白"而是"交流",不是"单音"而是"复调",因为单一的声音什么都解释不了,什么都解决不了,两个声音才是生命和生存的最低条件。② 对话理论强调的是我们的对外传播要学会"对话",学会交流,根据受众心理调整自己的说话方式与表达技巧,尽量淡化官方色彩,凸显语言的亲和力。在此基础上寻找双方的共性,其实就是共有的经验范围。施拉姆提出信息传播者与接收者双方必须具有共同的经验,才能进行交流(见图7-1)。他以A和B两个圆圈代表传受双方的经验范围,认为A和B两个圆圈重合的范围AB就是可以传通

---

① 李智:《文化软权力与中国对外传播战略》,载于《理论与改革》2010年第2期,第108页。
② 巴赫金:《诗学与访谈》,河北教育出版社1998年版,第340页。

第七章 当代中国文化对外传播策略

的地方,即二者若要有效互通,双方存储的经验必须有若干相同的地方。① 对于对外传播来说,由于传受双方的社会环境和文化环境不同,因此,寻找、挖掘某一传播内容与受众原有经验之间的联系对于提高传播效果意义重大。世界上著名的纪录片频道(如 Discovery、BBC)在选择拍摄题材时都不约而同地选择了那些中性的、意识形态色彩弱的领域。霍斯金斯等人提出,要想有效地降低文化产品中的"文化折扣",必须以大多数观众能接受的"最大公分母"为选材基础,即在传递本国文化色彩的同时,也应将世人广为接受的价值观植入纪录片中,以获得观众的普遍认同。当代中国文化的对外传播要根据国际传播环境的具体情况,传播具有共同价值理念的文化。

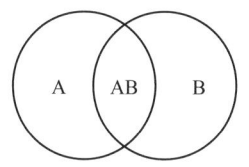

图 7-1 "共同经验"范围

共生性与包容性是相辅相成的。世界各个国家或地区的环境不同,文明传承不同,语言和生活习惯不同,政体不同,因而呈现出较大的文化差异,不仅使世界文化更加多元,而且让人类文明绚丽多彩。文化的多元必然导致文化的差异,即使是处于同一语言区的国家和地区,在语言表述上都有很大区别。这样的文化差异和隔膜,一定程度上阻碍了传播的融入性。因而,跨文化传播在寻找传受双方共通话语的同时,包容性也是不可或缺的。"包容性"就是在积极了解传受双方文化差异的前提下,能够站在他人的文化世界里去体会他人的感受,也即我们常说的"换位

---
① [美]威尔伯·施拉姆、威廉·波特著:《传播学概论》,新华出版社 1984 年版,第 47 页。

思考"。2002年，美国学者岩渊功一提出了"文化气味"（cultural odor）的概念。在全球化步伐日益加快的形势下，异国的文化产品想要在国际上赢得一席之地，必须要舍弃一部分原始的"文化气味"，改成中立产品，这样才有可能更广泛地被观众所认可。在文化对外推广传播的过程中要尽量把握传播对象的文化体系，改变已有"传者中心"的固化思维，向"受者中心"转变，尊重受众的文化体系与主体地位，运用与之相适应的表述方式和传播方式传达信息。

2013年，新华社《三北造林记》报道中一个甘肃贫苦农民种植20万棵树的视频在Youtube平台成为"爆款"。一个"高大上"的人物典型报道成为对外报道的佳作有些出乎意料，其原因在于，这一报道正契合了"美国梦"的价值理念。该报道充分发挥了共生性与包容性所带来的"音叉效应"（即当相互作用的双方产生共鸣的时候，就可以激发出强大的力量），找准了脉搏，在最为重要的点上着力，因而取得了很好的传播效果。我们在对外传播中要善于运用"音叉效应"来获得"四两拨千斤"的效果，用外国人可以接受的方式介绍和说明中国。

（四）公益性与市场性原则

文化具有宣传教育作用，同时也具有一定的经济作用，能带来一定的商业价值。但是，当代中国文化的对外传播首先要明确，我们的文化对外传播首要的是社会效益，要更好地将我们的文化推介出去，让世界了解中国，让中国走向世界，其次才是经济效益和商业利益。所以，公益性是当代中国文化对外传播必须要坚持的一个基本原则。

我国在开展国际传播时的基本定位就是满足宣传诉求，而非谋求商业利益。我国在海外举办的许多文化年活动、文化外宣活动都是公益性活动，可以说，我们的文化对外传播很多时候是将我们的文化"送出去"，而不是"卖出去"。这种定位需要持久而巨大的投入，可持续性相对较差，传播效果一般。而在文化消费领域，能够被认可和接受的文化产品和服务往往是收费的，是"卖出去"的。

在市场经济深入发展的今天，人们的消费观念也逐步改变。很多时候，无偿的东西被看作是赝品或劣质品，有偿的东西甚至是价格昂贵的东西却往往成为众人热捧的对象。文化及文化产品也是如此，文化活动的市场性、收益性未尝不利于文化的对外传播。提高传播费用，增加文化产品的阅听费用，看似是一项不利于文化传播事业的举措，却是现代国际传播的重要策略。美国媒体的国际传播主要立足于市场，追求的是商业利益。早在1929年，美国《时代周刊》重要创始人之一亨利·卢斯在创办《财富》杂志之前的一次演讲中就旗帜鲜明地指出："基本上，商业就是我们的文化，因为它就是我们时代的核心。"再向前追溯，在美国新闻教育起步阶段，哈佛大学校长查尔斯·艾略特（Charles W. Eliot）认为，报纸"首先是一门生意"，它的目的就是贩售商品——新闻商品。

文化对外传播不仅是一种国际文化交流，也是一种国际文化市场竞争。因而，中国文化对外传播不仅需要政府推动、注重公益性，而且需要借助市场本身的力量、注重市场经营性，走市场的产业化运营之道，大力发展文化产业、文化贸易，实现中国文化对外传播公益性与市场性的有机结合。

（五）受众性与实际性原则

对外传播是跨越政治边界、文化差异、社会区隔的传播行为。如果对传播对象——受众不了解，就可能会导致传播过程中的"传而不通"或"通而不受"，甚至出现更为严重的"文化误读"和"文化休克"现象，这就要求我们的文化对外传播坚持受众性。受众性是指当代中国文化的对外传播要接近于国外受众的日常生活，与国外受众的日常关切紧密相关。

受众性源自传播学领域的"文化接近性"(cultural proximity),指受众对本地文化、语言、风俗等较熟悉,较倾向于接受与该文化、语言、风俗接近的文化内容。也就是说,外来媒体的内容或节目若要受本地欢迎,其先决条件就是必须贴近或符合当地的文化。因此,文化接近程度已经成为衡量文化传播成功与否的重要因素。

从文化接近性的角度考虑,中国文化对外传播的受众可以分为三类:一是身居国外的华侨华人,他们对中国文化有着强烈的认同,渴望时刻了解国内发生的一切;二是非西方主流国家的受众,他们对中国相对友好,偏见也较少;三是西方国家的受众,他们中有些人对中国抱有偏见。与之相对应的海外市场总体也可以分为三部分:一是日韩及东南亚国家;二是欧美国家;三是中东和非洲。针对不同国家的受众,我们应开展有效的受众分析,有的放矢地调整传播策略,从而达到传播效果的最大化。例如中东国家和地区,政治和宗教情况较为复杂,因此,出口到中东地区的文化产品必须充分考虑各国的文化差异,尤其是宗教禁忌,避免产生文化冲突。

实际性包含两个层面的内涵:一是当代中国文化的对外传播要贴近受众生活实际,不矫揉、不做作;二是当代中国文化的对外传播要与自身的文化实际相契合,在坚守文化自信的同时,不夸张、不放大。

在这方面,美国华盛顿博物馆的做法值得我们学习。华盛顿博物馆的朝鲜战争纪念馆中有一组美国大兵雕塑。这组雕塑反映了朝鲜战争期间美国士兵在朝鲜境内参战的一个真实场面——在丛林中搜索前进。然而,这些头戴钢盔,持枪趋前的美国士兵,每个人都显得那么小心翼翼,谨慎无比,每张脸上都写满了不安、慌张以及对死亡的恐惧,完全不同于一般战争纪念馆里士兵雕像的表情。为了完成这样的设计,雕塑者采访了47位参加过朝鲜战争的美国老兵,倾听他们讲述真实的朝鲜战争,并在此基础上创作了这组写实雕塑。在雕塑一旁的花岗岩纪念碑上，还留有一组数字——阵亡：美军54 246人；失踪：美军8 177人；受伤：美军103 284人。对此，德国的《世界报》曾有过这样的评论："世界上没有一处战争纪念馆能如此真实、客观，不差毫厘地反映曾经发生过的一切，除了这里！"唯有真实地呈现历史，方能震撼和警醒后世，这是创作者的态度，也是我们文化传播应有的态度。

受众性与实际性原则与近年来我国中央宣传部门所倡导的"外宣三贴近"原则是一致的。"外宣三贴近"原则是指文化产品生产创作要贴近群众、贴近生活、贴近实际。"受众性与实际性"原则进一步丰富了"三贴近"原则，提倡我们的对外传播要贴近中国的客观实际，将真实的中国文化展示给世界，不虚构；要与国外受众的实际生活、国外受众的思维习惯相契合。

二、当代中国文化对外传播的基本策略

荷兰哲学家冯·皮尔森（Peursen, C. A. Van）在其《文化战略》中曾指出，文化战略就是人类的生存战略。同样，文化对外传播也是一个国家的生存战略。当代中国文化对外传播是一项文化战略，是一项关系国家生存和发展的系统工程，需要从传播内容、话语表述、理论建构、传播载体、媒介效果等层面出发，建立一个"多重复合"的对外传播架构（见图7-2）。在这里，"多重"强调对外传播主体、受众、策略、区域要有层次性和区分度，防止偏颇；"复合"要求不同传播要素统合在完整的系统中，相辅相成又各有侧重，共同服务于国家理念的对外阐释。在这样一个整体的传播架构之下，当代中国文化对外传播的基本策略主要有七个方面。

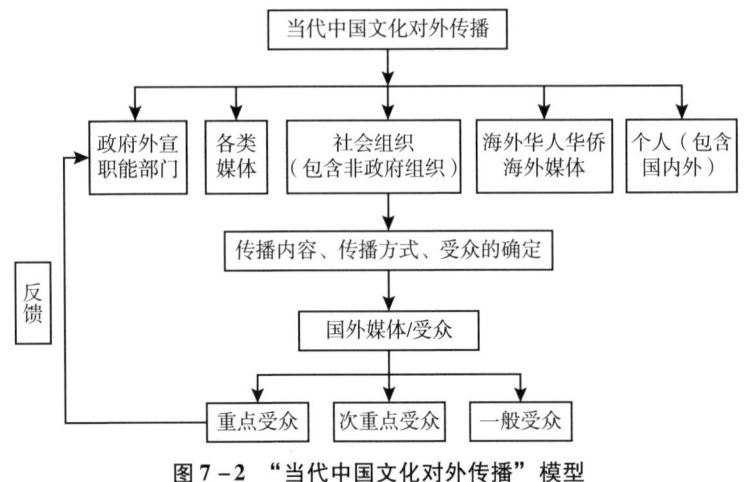

图7-2 "当代中国文化对外传播"模型

(一) 整合中国现有文化,界定文化对外传播内容

当代中国文化的对外传播的首要任务就是要界定中国要传递什么样的文化,因此,必须理解和把握当代中国文化的精髓,阐明当代中国文化的意义和时代价值。我们要对外传播的中国文化应包括以下几方面。

1. 对外传播的文化内容既要有优秀的传统内涵,又要有现代的文明成果。

中国优秀传统文化具有其自身的价值,在以往的文化传播实践中更多地侧重于中国的优秀传统文化传播。但在对外传播中过多地传播中国古代传统文化,会影响国外受众对现代中国的全面认识。我们急需让世界了解真正的、现代的中国。在这方面,美国的做法值得我们效仿。美国对外传播的文化内容既有能够代表美国历史文化的正能量精神(如自由女神像、独立宣言、林肯等),也有代表美国现代精神的文化符号(如英特尔、苹果、戴尔、IBM;如迈克尔·杰克逊、好莱坞、百老汇)。随着中国综合实力的提高,国外受众(尤其是精英阶层)迫切地需要了解现代的中国。他们对于中国的改革开放、经济发展、政治制度等具有浓厚的兴趣。因此,对外传播的文化内容要做到传统文化与现代文化相统一。

2. 对外传播的文化内容既要有表层的文化思想,又要有深层的核心文化价值。

卢梭曾经深刻地指出:一切文明制度中最重要的制度既不是铭刻在大理石上,也不是铭刻在铜表上,而是铭刻在公民们的心里,它形成了国家的真正宪法;它每天都在获得新的力量,当其他制度衰老或消亡的时候,它可以复活那些制度或代替那些制度,它可保持为一个民族的精神。① 我们对外传播的正是这样的民族精神和核心文化,是文化的深层次内容。当前我国"走出去"的文化内容更多侧重的是那些能够减少文化折扣、避免"文化休克"的中国表层文化,如功夫、饮食、建筑、自然风光等。要实现国际社会对当代中国的科学认知和全面深入了解,中国文化的对外传播还需要深入到核心价值理念,深入到深层次的中国文化内涵。

3. 对外传播的文化内容既要有宏大的国家叙事,又要有普通的百姓故事。

长期以来,文化对外传播在建构中国形象时给人留下的多是宏大叙事景象,缺少对中国普通阶层生活、百姓故事的日常传播。宏大的叙事有时能够传递给世界一个整体的国际形象,但也可能增加国外受众对中国发展壮大的戒心。例如,2011 年中国国家形象片亮相美国纽约时代广场,在首批播放的《人物篇》中,有宋祖英、刘欢、郎平、姚明、丁俊晖、吴宇森、杨利伟等数十位名人,却没有一个普通百姓。国家形象片的宣传并没有很好地提升中国的国家形象。相反,江苏卫视的《非诚勿扰》在海外华人受众中很受欢迎,就是因为该节目生动地展示了中国的社会生活,具有强烈的生活气息。因此,我们的对外传播中,普

---

① [法]卢梭:《社会契约论》,商务印书馆1980年版,第29页。

通的百姓故事必不可少。

4. 对外传播的文化内容既要有共通性的文化内涵，又要有独特的文化个性。

我国与他国之间的文化差异是明显存在的。要获得良好的对外传播效果，我们就要关注人类共同关注的话题——人性关怀、人与自然的关系、对和平的渴望等。在共同关心的问题上，不同意识形态、文化语境下的人们往往可找到共识，进而形成对话与沟通。具体来说，就是从优秀的文化资源里选取具有共性的文化和价值理念。文化的共性决定了人类对于真善美的追求一致，对于新鲜事物有强烈的接纳意识。因此在宣传中应以文化共性为基础，逐渐打开通向另一文化的窗口。①

但是，文化内容的同质化会使受众产生审美疲劳和文化消费倦怠，因此，我们的对外传播还要从优秀的民族精神和文化内涵里选取具有独特文化个性的部分。

5. 对外传播的文化内容既要有理论性成果，又要有行为性变化。

要使当代中国文化得到世界性认可，既要有理论说服力，又要充分展示良好的实践效应；既要不断加大理论推介和建构工作，把道理讲清讲透，令人心服口服，也要不断推进对外传播的实践性工作，实现传播行为转化，赢得理解和认同。

当前，针对西方一些国家对中国特色社会主义文化的歪曲、误读和误解以及贬损攻击，我们应以马克思主义为指导，通过多样化的学术理论平台，积极开展世界性的学术理论交流，与世界一流学者开展对话，让世界人文社会科学界有更多的中国声音。

---

① 廖华英、鲁强：《基于文化共性的中国文化对外传播策略研究》，载于《东华理工大学学报》（社会科学版）2010年第2期。

同时,对外传播的内容还要突出行为实践的真实性,着重中国的发展变化。我们不仅要向世界全面、客观、准确、生动地反映中国在各方面的成就,在思想观念、思维方式、精神状态等方面的变化,让国外受众认识和把握一个向前向好的中国,也要在面向全球的客观报道中传递中国价值,用世界眼光来衡量、审视中国,不讳言发展中出现的矛盾和问题,让国外受众了解、理解一个复杂多元的中国,推动中国更好地走向世界,融入世界。

(二) 发挥多元化传播要素的协同效应,实现整合营销传播

整合营销传播最早源自传播协同效应(communication synergy)。20世纪80年代,一些学者首先提出了传播协同效应的概念,整合营销传播(integrated marketing communications,IMC)理论正是起源于此。1992年,美国"整合营销传播之父"唐·舒尔茨出版《整合营销传播》,整合营销传播理论体系正式形成。整合营销传播是一种战略性经营流程,用于长期规划、发展、执行,并用于评估那些协调一致的、可衡量的、有说服力的品牌传播计划,是以消费者、客户、潜在客户和其他内外相关目标群体为受众的。[1] 整合营销传播虽然产生于广告和市场营销领域,但同样适用于文化传播领域。中国文化对外传播应充分发挥政府、民间团体、社会组织、企业、个人等各个层面传播主体的协同作用;发挥央视、地方各类媒体以及各类新媒体的协同作用;发挥国内传播主体与国际传播主体的协同效应,形成对外传播合力。

1. 整合各类传播主体,实现对外传播主体的协同营销。

在互联网时代,对外传播主体出现多元并存的发展态势,打

---

[1] Schultz, D. & Schultz, H. Transition Marketing Communication into the Twenty-first Century. Journal of Marketing Communications, 1998, 4 (1), pp. 9 – 26.

破了传统媒体"唯我独尊"的局面。① 根据传播学的基本理论，传播有组织传播、群体传播、人际传播等多种类型，与此相对应，传播主体也包括政府、社会组织、各种团体、个人等。随着新媒体技术的发展以及大数据、自媒体的出现，"人人都有麦克风，人人都有发言权"的时代早已到来，传播主体的数量更随之激增，网络服务商和广大网民都成为文化对外传播的主体。

根据不同的划分标准可以将文化传播的主体分为不同的类别。比如，根据文化传播主体是否具有专业性，可以将文化传播的主体分为专业的文化传播主体和非专业的文化传播主体。我国文化的对外传播中要充分发挥各类别、各层次主体的作用，实现传播主体的协同效应。

（1）发挥国家政府的作用，积极开展各类政府外交。

政府在对外传播中起主导作用。在日常的文化传播中，政府常常成为发"声"的一方，政府部门通过各种形式的外交活动，传递国家的主张，展示国家的形象。例如，目前我国与法国、德国、西班牙、意大利、英国等国家举办多种形式的文化年和文化节，在世界各地掀起了中国文化热；我国已经同149个国家签订了政府间文化合作协定，与160多个国家和地区进行文化交流，与上千个文化组织保持着密切的合作关系；在韩国、德国、日本、埃及、法国等国家设立了中国文化中心，在世界80多个国家共设有近百个使领馆文化处。此外，政府还可以通过一定的公开方式（如公报、通告、门户网站、向媒体提供新闻稿等）进行文化的对外传播。除了政府职责外，政府官员及每位工作成员对外的工作都会形成传播。如国家主席习近平与夫人彭丽媛的多次出访，既展示了国家的形象，又传递了中国的声音。政府的声望和威信使政府的声音易于被受众接受。

---

① 程曼丽：《网络时代的国际传播》，载于《新闻爱好者》2005年第12期，第18页。

第七章 当代中国文化对外传播策略

同时，政府对其他传播主体的对外传播承担着控制与管理的职责，也就是做好"把关人"。政府不仅要在国际事务中进行决策，解决"是否发声"以及"如何发声"等问题，而且要监督和检查其他传播主体的言辞，了解其他传播主体的传播方式，定期对相关传播者进行专业培训等。政府是我国文化形象传播的重要主体，但是，政府权威性和意识形态宣教性既是其传播的优势，也是其对外传播的一种制约，有时也存在一定的困境。政府应不断调整自身的策略，并且积极推动公众参与到对外传播中去。

（2）发挥各类社会组织的传播作用，积极开展各类公共外交。

"公共外交"这一概念源于美国。1987年，美国国务院《国际关系术语词典》对公共外交进行了界定，认为政府是公共外交的主要实施者。随着全球化和信息技术的发展，公共外交的主体日趋多元，包括政府外交部门以外的部门、组织和机构，其中更多的是非政府组织，如民间团体、大学、研究机构、媒体、宗教组织以及国内外有影响的人士。[1] 这些社会组织有公益性的，也有非公益性的，各类社会组织可以通过多样化的公共外交进行对外传播。

公益性的社会组织又称为非营利性组织，包括各种政治性、文化性、学术性、宗教性、福利性的组织机构与社会团体。在我国文化的对外传播中，一些国际性文化教育资源、学校间的学术交流等都属于这个范畴。改革开放40年来，中国非政府组织已达到相当规模。孔子学院是非营利性组织中的突出代表。2004年，第一所孔子学院开办，目前孔子学院已经在全球建立500多所。孔子学院不仅成为代表中国的文化品牌，成为汉语教学基地，

---

[1] ［美］约翰·罗尔克编著，宋伟等译：《世界舞台上的国际政治》，北京大学出版社2005年版，第348页。

同时也成为向全球传播中国文化的重要平台。在对外文化传播过程中，非营利性组织的作用必不可少。因此，应该出台相应的政策措施，扶持各类非营利性组织参与对外文化传播与交流活动。

在营利性的社会组织中，企业组织是最突出的代表，尤其是文化企业。文化企业包括国有文化企业、民营文化企业和跨国文化企业。企业在利益的驱动下，自觉地挖掘、开发国内和国外的市场。企业在对外扩张的过程中，自觉地完成了文化传播。例如，重庆杂技艺术团的《木兰传奇》在征服海外市场的同时也实现了中国文化的对外传播，在盈利过程中推介了文化。

在对外传播中，民营企业具有其独特的优势，如非官方行为容易获得东道国接受和认同，本土化经营、融入性互动传播能及时获得反馈，在促进当地经济社会发展的同时可间接承担官方公共外交活动。其作用层层递进，集中表现为促发展、惠民生、通民意，最终推动国家形象建构和国际影响力提升。随着中国加速重返世界舞台中心，中小企业或民企走出国门的步伐不断加快，已涌现出一批知名民营企业，成为中国产品和文化对外传播的重要主体。政府应大力支持民营企业对外直接投资，为其提供完备的金融、信息、安全等公共服务，鼓励扶持民企走向世界，让其与国有企业、媒体一道成为国际社会影响力及话语权建构的主体。

跨国企业本身最突出的特征就是跨国别、跨民族、跨文化，所以它的传播就具有了国际性的特点。一般情况下，跨国企业和集团为了达到营利的目的，会提前对市场进行调查研究，进行市场培育，以使产品更好地适应当地受众，降低文化折扣，而他们在获得利润的同时，也完成了国家的文化、语言传播。从目前的情况看，跨国企业的海外传播效果更好。

（3）发挥"第三方"文化传播主体的作用，积极开展多元化民间外交。

"第三方"是指除了政府和社会组织之外的一切力量，这里主要集中于民间团体和个人,还包括国际友人等,他们在中国文化对外传播中的作用不可小觑。对外学术交流团体在国际社会的学术交流可以提升中国文化的对外影响层次,提升中国文化在国外的美誉度、知名度。

个人作为中华文化传播的主体在古代就已经存在。例如,唐朝的鉴真东渡,成功地将中国的文化传播到日本,对日本的文化、教育、生活的方方面面都产生很大影响。唐朝时,日本的遣唐使也起到了传播中华文化的作用。在现代,个人更是重要的、不可忽视的传播中华文化的主体。随着我国开放程度的日益提高以及网络的普及,普通人也能够便捷地进行交互式的信息传播。

同时,在华的外国人,特别是中国文化研究学者、留学生、访华学者也可以为中华文化代言。埃德加·斯诺(Edgar Snow)的《西行漫记》可以说是一部成功的"第三方"言说典范,把中国共产党人的光辉形象全面推向世界。"第三方"的宣传、演说往往更能得到信赖。约瑟夫·奈曾说:"美国最有说服力的发言人不是美国人,而是了解美国优劣的当地代言人。"① 在当代中国文化对外传播的进程中,需要充分发挥各类对外传播主体的作用,实现各类传播主体的协同和配合。

2. 推进媒介融合,拓展社会化营销传播渠道。

文化"走出去"需要多元渠道,应该把大众媒介渠道、组织传播渠道、人际传播渠道相结合,通过发挥不同渠道的优势,促进中华文化"走出去"的持续力。② 随着信息科技的进步,推动各类媒介的数字化应用以及媒介的多元融合发展成为拓展社会化营销传播的重要方式。

---

① [美]约瑟夫·奈著,吴晓辉等译:《谁与争锋:变化中的美国力量本质》,东方出版社2005年版,第28页。
② 侯斌:《从"5W模式"看中华文化的对外传播》,载于《新闻世界》2014年第1期,第66页。

(1) 充分利用大数据与"微"时代相结合的新型对外传播媒体。

大数据与"微"时代相结合产生了新型对外传播媒体，其中最突出的是微信等一系列社交媒体。据2016年腾讯年报统计，2016年微信的活跃用户量已超8.89亿人，海外用户已超1亿多人，拥有亚洲最大的用户群体。微信正在推动产品的国际化，预计将能够使用8种主要语言在上百个国家推广。2017年3月，微信指数的出现更是将微信单一个体的"微"与海量的大数据信息呈现出来。当代中国文化要实现对外传播的精准化和广泛化，微信是一个重要的渠道。

在"微"时代，建App自媒体平台、进驻公众号等是实现海量传播和有效传播的重要方式。这些新型的对外传播媒介通过个人与个人、个人与组织、组织与组织之间的互动，实现文化信息的传播与交流。比如，"复兴路上"工作室在党的十八届三中全会期间首推中英双语版《领导人是怎样炼成的》，在国际舆论场中引发关注。2015年，习近平主席访问美国前夕，经认证的Facebook专页@Xi's US Visit开通，该专页发布了大量访美信息，10天内粉丝量突破100万人。2016年，在习近平主席访问孟加拉国、柬埔寨等国时，又开通了新的认证账号，主页获赞超过260万个，成为中国政府形象对外传播的一次创新。

习近平总书记曾深刻指出，要"推动融合发展，主动借助新媒体传播优势"，这不仅是党的新闻舆论工作今后发展的重点，也是我们文化对外传播工作创新报道方式、提高对外传播效果的发展之路。今后，新型对外传播主体应用的范围将会越来越宽，对外传播的内容及形式也会随着新媒体的升级更新，不断呈现出新的风格。

(2) 发挥中央媒体与地方媒体、线上媒体与线下媒体、传统媒体与现代媒体的协同效应。

中央媒体和地方媒体都是文化对外传播的重要渠道，但很多时候中央和地方步骤不一致，各个媒体单打独斗、自说自话的情况时有发生，不利于对外传播效果的实现。同时，互联网的发展正加速重构媒体格局和舆论生态，以移动互联网为平台的各种新兴媒体蓬勃发展，以"集成化""社交化""碎片化"等新的传播特征，吸引着广大网民，尤其是年轻一代。

在融媒体时代，任何一个传统的媒体或单一媒体都不能单独发挥作用，电子报刊、网络广播、手机报、手机广播、网络电视、手机电视等，已经融合了不同媒体的多种功能，微信、微博、客户端、H5动漫等现代媒体成为如今受众获取信息的主要方式，而且这种趋势正在逐步扩大。但目前我国融媒体实践仍处于起步阶段，对外传播手段在新媒体领域的拓展以及如何发挥新媒体的优势、提高对外传播技巧、改善对外传播效果、扩大对外传播的受众范围等，都将是今后对外传播研究的重要方向。

2017年全国两会期间，《人民日报》两会报道"中央厨房"全媒体平台亮相，这是党报、党媒媒体融合的创新之举，实现了报道流程平台化、报道内容定制化、报道形式可视化，全景多维立体展现两会议程、议题和风采，取得了良好的对外传播效果。这一尝试无疑是中央媒体与地方媒体、线上媒体与线下媒体、传统媒体与现代媒体协同效应的产物，也是今后我们文化对外传播工作的重要方式。

（3）充分利用国外媒体，开展跨境社交营销。

国外媒体主要是指国外华文媒体和各大海外社交媒体。其中，国外华文媒体是一支独特的媒体力量，至今已发展了200年，不仅提供信息和服务，而且还有更深层次的使命，那就是不断传递家乡的声音，进行中华文化的对外传播。比如，《澳华时报》在全媒体"华人故事"栏目中，多次报道传播中华文化的海外华人。2016年12月，分别报道了在布里斯班的老中医许健鹏、"苏绣"传承者高青敏。印度尼西亚的《坤甸日报》开办华文学校，一方面为中华文化的对外传播培养人才，另一方面也成为传播中华文化的重要途径。

但是，国外华文媒体当前面临着严峻的生存危机。随着信息科技的发展，每年都有国外华文媒体消失。因为这些华文媒体在媒介形式上主要以传统媒介为主。据 2015 年第八届世界华文传媒论坛统计，目前全球有各类型海外华文媒体 1 050 家，其中 400 多家是报纸，占最大份额。而规模大、历史长、影响广的海外华文媒体，大多数也是以报纸为基础。

在国外媒体中还有一支重要的力量，那就是国外的各大社交媒体，如 Facebook、Twitter、Linked In 等。这些社交媒体凭借其众多的用户、开放的信息源等特征成为信息传播与推广的重要载体。在世界各国政要中，有 77% 的领导人使用社交媒体。利用海外社交媒体进行政府对外传播，将是对外传播中国文化的一个新的途径。只是，在利用海外社交媒体的时候，同样需要在所传播的内容上进行一定的话语转换和对接。

（三）加大培养和引进对外传播人才，丰富对外传播人才队伍

今后 10 年，我国与世界国际传播强国的差距不在于传播的"硬件"条件，而在于传播的"软件"条件，人员素质是关键。"在外宣人员素质中，跨文化交流的素质是薄弱环节。"① 提高传播人员素质，加大培养和引进传播人才是提高当代中国文化对外传播质量的当务之急。

1. 培养和锻造传播领域的卡里斯玛型领军人物。②

当代中国文化的对外传播不仅仅需要国家和政府，还离不开一定的企业组织，学界、商界的领军人物。他们不仅具有专业领

---

① 关世杰：《中国跨文化传播研究十年回顾与反思》，载于《对外传播》2006 年第 12 期，第 36 页。

② 现代社会学奠基人之一、德国的马克斯·韦伯曾经提出领袖人物的三种类型：传统型、卡里斯玛型和法理型。

域的专业素养和广博学识,更具有能带领团队实现共同愿景的个人魅力和气魄——这就是卡里斯玛型领军人物。

我们的文化对外传播不仅需要专业的文化传播专才,还离不开能够感召整个专业团队、能够带领专业团队进行对外文化传播的卡里斯玛型领军人物。文化产业界知名的"印象铁三角"王潮歌、张艺谋与樊跃就是典型的卡里斯玛型领军人物,他们共同开创了中国实景演出先河,先后打造了《印象刘三姐》《印象丽江》《印象西湖》《印象海南岛》《印象大红袍》《印象普陀》《又见平遥》等"印象"系列大型山水实景演出剧目,通过文化旅游的形式为地方塑造了文化品牌,推介了地方民族文化,也创造了经济价值。

2. 打造复合型专业人才团队。

当代中国文化的对外传播是一场跨国界、跨文化的传播实践,这样的文化对外传播需要一批既了解中国,也了解世界,既能用汉语,也能用英语或者其他国家的语言流畅表达的高端复合型人才。从事对外传播的人需要具有国际传播视野,必须懂得西方文化,熟悉西方人的心理特征,熟悉媒介竞争环境,了解国际媒介竞争的趋势和方略。① 复合型人才主要包含两个层面的内容:一是全面立体化,即既懂技术又懂业务,既懂政治又懂文化,既懂外语又懂专业;二是专业高能性,即具有国际视野,熟悉目标受众,精通新媒体技术,能够集采编与制作于一身,同时承担文字、图片、音频、视频等综合性报道的一专多能型人才。

3. 培养对外传播管理人才。

我们的文化对外传播既有无偿的文化输出,也有有偿的文化市场经营,这就要求我们的对外传播人才除了具有一定专业技术知识外,还要懂得市场操作、了解市场运营管理。是在新技术、

---

① 单波、陆阳:《媒介融合时代的新闻传播教育创新》,载于《湖北大学学报》2010 年第 7 期,第 116~118 页。

产业化和传播全球化浪潮的背景下，媒体间合作、合并及产业化发展迅速，几乎所有的媒体都表现出与国际接轨的热情，市场化运行的态势一发不可收拾。所以，对外传播中要注重培养更懂得媒体经营管理、懂得市场策划、懂得媒体内容设置的管理型人才，特别是懂得国际媒体的管理和经营人才。

4. 改革高校对外传播人才培养模式。

面对当前对外传播人才缺失、对外传播人才无法满足我国对外传播工作现状的现实，我们应充分发挥高校人才培养的作用，将高校对外传播人才的培养纳入中国文化对外传播总体战略中，加快培养出大批面向社会、具有文化传播意识和能力、具有文化自觉性的高素质的跨文化交流人才。高等学校需要进一步制定和实施专业覆盖面广的对外传播人才培养方针，采取以多种专业培养复合型文化人才的模式。同时，在所有可能涉及对外交流的专业领域，有意识地用中国的主导文化来塑造大学生的价值观，培养他们的文化适应性和文化自觉性。同时，还应通过多种途径培养他们的文化传播意识和能力，使他们懂得如何保存并弘扬优秀的民族文化。

5. 调动全民力量，充实对外传播队伍。

文化对外传播不是某些职能部门和机构的专利，而是全国的综合性大事业，需要全民的参与。党的十八届三中全会提出要"解放社会活力"，当前我们的对外传播人才培养与交往的活力并没有被完全解放出来，"全名皆兵"式的参与还没有得到充分体现。在自媒体发达的今天，我们应充分发挥中国庞大的人力资源优势，同时，积极调动国外媒体和华人精英群体中的传播力量，重视他们在对外传播中的作用。精英团体外籍专家的力量也不可忽视，他们对外传播的视角是基于不同文化背景的他者化解读，由他们所做出的传播推广对于外国受众而言更具有吸引力和信服力。

除此之外，还要根据对外传播现状，突破地域限制，面向海外引进文化传播人才。把思想觉悟高、文化程度高、工作能力强的人才引进来,壮大文化传播人才队伍。尤其要加大对专业技术人才和市场经营管理方面专业人才的引进力度。

(四) 深化文化产业进程,拓展文化传播产业化规模

文化本身不再是手段,而是一种目的,从而引发了全球性的文化竞争,当今世界的文化已经不能脱离文化产业而存在了,对于文化产业的开发和市场争夺,也就成为当今世界文化发展变化和软力量竞争的重要内容和领域。推动文化对外传播的进程,文化产业大有作为,我们需要进一步深化文化产业进程,拓展文化传播产业化规模。

1. 整合全球优秀文化资源,讲好中国故事,传播中国声音。

国家文化力量的增长与经济力量的增长具有不同的模式,但从某种意义上讲,它们有时又遵循着相同的规律。如果我们不改变一个国家的经济增长方式,单靠经济财富的积累,是无法使这个国家的经济财富得到持续增长的。兰德斯在《国富国穷》一书中提出,国家财富的增长应该是生产本身的增长,而不单是财富的积累,这才是经济增长的实质。比如在殖民时代,西班牙、葡萄牙等国家曾经与英国掠夺过数量相近的财宝,但这些财宝并没有让它们迈入先进工业化国家的行列,只有开启工业革命、改变经济增长模式的英国做到了这一点。在文化领域也是一样,中国的文化软实力能否提升,不仅仅取决于我们拥有多少资源,更重要的是我们对传统文化能否进行现代性开发与能量转换。竞争优势之父迈克尔·波特(Michael E. Porter)认为,文化产业中,文化资源本身的优势是最根本的、难以模仿和替代的,是最核心和最持久的竞争优势。深化文化产业进程最基础的工作就是对文化资源的撷取与利用,要充分利用本国文化资源,整合全球文化资源,讲好中国故事,传播中国声音。

(1) 用中国话语"讲好中国故事"。

目前讲述中国故事的方式很多,最突出的是西方版的中国故事和世界版的中国故事,但一般这样的讲述实现的是外国文化价值的传播。用中国话语讲好中国故事,是指以中国话语、中国态度、中国思维方式讲述中国自己的故事。习近平总书记在全国宣传工作会议上指出,要"讲好中国故事,传播中国声音"。这就要求我们充分整合利用自身优秀的传统文化资源,讲述"中国"的故事。这其中的关键是,如何去讲述自己的故事,讲述自己哪些故事,也就是"如何讲"和"讲什么"的问题。

"如何讲"主要考虑受众国文化背景、受众群体的认知特征,实现多模态话语的转换。多模态话语不仅指文字,还包括图像、音乐、表情、手势、姿势等各种符号。如果说表达文化价值观的话语是"硬话语",草根话语是"软话语",那么多模态话语传播的就是软硬结合的"巧话语"。"巧话语"就是要将传播内容分成不同层次,通过丰富多彩的形式,将中国价值观、中国政策、中国文化、中国品牌向海外传播。

"讲什么"就是要讲述这个止戈兴仁、讲信修睦、爱好和平的古老东方大国,如何创造了五千年的人类文明;要讲述这个曾经饱受战争苦难的全球最大的发展中国家在解决了人民温饱后,如何尽最大努力一步步治理环境和改善民生;要讲述这个在诸多方面都极为薄弱的多民族国家,如何坚持中国共产党的领导、走中国特色社会主义道路,实现和平稳定、繁荣昌盛;还要讲述中国的崛起不是威胁而是机遇,中国人民爱好和平,中国文化的传播是对世界文明宝库的丰富与发展,等等。

(2)用中国话语"包装全球故事"。

中国话语"包装"全球故事,主要强调的是文化资源的全球取材。比如,我们可以借鉴好莱坞文化产品如《花木兰》《功夫熊猫》等的生产制作方式,文化资源全球取材,然后用对方能够听得懂、愿意听的故事来开展交流,扩大影响。正如美国学者对电影的一段描述:"电影作为一种强有力的跨文化媒介,不仅需要依靠本国的文化,同时也需要吸收更加广泛的人类文明,尤其是分享其他文化的成果。只有具备了吸收不同文化的能力，中国电影才能真正冲出国界并为全世界所接受。"① 这是值得我们借鉴的。

（3）用他方之调"陈述中国声音"。

他方之调"陈述中国声音"，主要是指用西方或国际化的方式发出中国的"声音"。纪录片《圆明园》从一名外国传教士的角度讲述圆明园的历史；《当卢浮宫遇见紫禁城》从东西方的经典建筑展开，奉献了一场东西方文化在荧幕上碰撞交融的视觉盛宴。北京师范大学中国文化国际传播研究院的"看中国·外国青年影像计划"，连续5年面向全球招募从未来过中国的外国青年，邀请他们导演、拍摄中国主题短片。这种让外国人讲述中国故事的方式，唤醒了他者的文化认同，取得了很好的效果。中国社科院每年发布各类政府"蓝皮书"，繁体版在香港出版后，虽然是同样的内容，但传播效果和影响深度迥然不同，经过几年的推广，繁体版的"蓝皮书"逐步成为西方高校、智库、研究机构、媒体等引用中国数据和研究中国的主要资料来源，影响巨大。这些案例和做法告诉我们，成功的对外传播不仅需要全球文化资源的取材，还离不开传播方式的本土化。但我们也必须看到，由于世界各国文化差异始终存在，文化产业、文化传播方式还面临不少困难，特别是在形成影响力方面仍有许多事情要做。

2. 强化文化产业品牌意识，进一步推动文化大IP建设，打造文化精品。

在全球文化产业不断深入发展的进程中，文化产业已经步入品牌传播与品牌竞争时代，文化产业及文化贸易竞争的核心实质是文化产业品牌的竞争。一般来说，文化产业品牌包括四个层面：一是国家层面的文化产业品牌，如美国的好莱坞、中国的京

---

① 彭吉象：《全球化语境下中华民族影视艺术》，北京广播学院出版社2003年版，第77页。

剧、印度的宝莱坞等；二是区域层面的文化产业品牌，如潍坊风筝、天津泥人张等；三是企业层面的文化产业品牌，如华谊兄弟传媒集团；四是产品层面的文化产业品牌，如《熊出没》《喜羊羊与灰太狼》《武林外传》等。这四个层面相互关联，构成一个宏观的文化产业品牌。

知名文化产业及文化产品品牌是发达国家开拓国际文化市场的主体，也是发达国家开拓国际文化市场乃至全球文化市场的利器。品牌具有独特的吸引力和凝聚力，它能通过品牌产品使文化企业拥有强劲、持续和差异化的竞争优势，从而获得更大的规模和更大的边际利润。一个国家文化产业的发展水平与这个国家拥有多少文化产业知名品牌有密切的关联，任何一个文化强国的崛起和文化产业对文化的对外传播都需要一批自主品牌的支撑。

IP（intellectual property）是近些年来文化产业领域的高频词汇，也是广受关注的热门议题。IP 原意为"知识（财产）所有权"，目前，从商业和资本的角度，其内涵已经有了无限的外延，已被引申为"可供多维度开发的文化产业产品"，其内容可以是漫画作品、文学作品、原创短片，甚至只是一个概念。一个好的 IP 极具商业价值，它可以后续衍生为电影、电视、游戏、音乐、动漫、文学、周边创意等娱乐产品。IP 具有强大的穿透力、延展力，IP 的追求和塑造，有助于形成所谓的"泛娱乐生态"。

IP 和品牌相互关联又有所区别。品牌一般来说要依附于一个或一种类型的具体产品，它所追求的终极目标是产品的售卖和与产品相关的价值理念、企业文化。IP 的终极目的是追求价值和文化认同。也就是说，IP 提供给消费者的最终不是产品的功能属性，而是一种情感的寄托和文化的传递。作为生产文化产品的主体——文化企业要有自己的品牌意识，但更应拥有一种大 IP 理念。品牌具有较强的延伸性和外溢效应，品牌一旦成功，就很容易实现品牌延伸，形成该品牌的大 IP。比如，小说畅销后，很容易转变为同名电影或电视剧；演出成功后，也能较容易地发行 DVD、画册等衍生产品。因此，对文化产业品牌的塑造和维护更有利于形成文化产业的大 IP，从而有助于提升文化产业整体竞争力。

当前，我国文化产业发展过程中，整体的品牌意识还相对较弱，部分文化企业在文化产品内容生产上缺乏原创性、核心竞争力，文化精品较少，难以形成产品层面和企业层面的文化产业品牌，使其在国外市场竞争中处于不利地位。我国对外传播中国文化需要更多的文化产业品牌来维护和支撑。我们需要不断加强品牌建设，以"品牌"为突破口，制作出富有中国元素又遵循文化和艺术性相结合、本土与国际化相结合的原创文化精品。培育一批具有自主知识产权和质量竞争力的知名文化品牌，促进文化产业大 IP 建设。

此外，政府与企业都应提高文化品牌的保护意识，不断加大制止和打击非法抢注、假冒文化品牌的力度，完善知识产权保护的法律、法规，为文化产业营造公平公正的竞争环境。文化企业要在提高品牌保护意识的同时，加快对商标、专利、版权的注册，掌握国内外法律法规、公约、惯例、协议中对品牌保护的有关规定，提升文化品牌依法运营和依法维权的能力，保障文化品牌的稳定发展。要重视创意、执照、专业销售代理、版权转让、开发衍生产品以及产品销售，培育完善的产业链条，增加文化创意作品的附加经济价值，扩大文化创意产业的传播力和影响力。

3. 进一步加大文化产品中科技元素的运用，提升文化产业发展质量和水平。

信息技术与文化产业具有天然耦合性，信息技术的发展丰富了文化对外传播的手段和形式。随着信息技术的突飞猛进，数字化传播成为信息传播的重要方式。数字化传播可以实现网上运营，并且通过信息的全面分享，大幅提高传播效果。2016 年，数字创意产业被纳入《"十三五"国家战略性新兴产业发展规划》，与新一代信息技术、高端制造、生物、绿色低碳等产业一起，计划到 2020 年产值规模达到 10 万亿元级。可以看到，文化和科技的融合既丰富了文化的科技内涵，又增加了科技的文化含量，促进了经济发展和产业升级。因而，一方面现代艺术家需要从本土的传统艺术中去挖掘资源，另一方面，许多非物质文化遗产也需要用现代科技手段去传承、创新并发扬光大。我们应着力提升企业的文化与科技融合创新能力，帮助其在自主创新、自主品牌、自主知识产权等内部创新方面，获得无可复制的核心竞争力。

4. 大力发展跨国企业和集团，打造文化航母，推动国际文化贸易提质增效。

进一步深化全球贸易自由化，文化"引进来"与"走出去"相结合，减少与发达国家的贸易逆差，是未来我国在对外文化交流方面需要不断突破与发力的方向。要深度参与国际文化产业分工，占领产业价值链高端。推动国际文化贸易提质增效离不开具有国际影响力的文化骨干企业和品牌，但是，我们缺乏可以进行国际传播的、能够代表我国文化的龙头企业，所以亟须整合资源，依托影视传媒、出版发行、创意设计、演艺娱乐、文化旅游、文化会展等优势产业，推动文化企业跨地区、跨行业、跨所有制形式兼并重组，建立体现自身独特优势、可持续的经营模式，促进文化资源向优势企业集聚，不断提高文化产业的集中度和规模效益，提升我国文化产业整体的技术层次和核心创新能力。此外，要着力培育外向型文化骨干企业，打造一批文化"航母"，推动文化贸易提质增效，把更多的优秀文化产品和服务推向世界。

5. 推动文化产业和贸易发展平台建设，大力发展文化观光和旅游产业。

我们的文化对外传播除了我们的文化主动输送出去，还可以考虑国外的受众主动到国内来汲取我们的先进文化和思想，也就是"请进来"。这就需要我们"栽下梧桐树，引得凤凰来"。其中，推动、完善文化产业和贸易发展平台建设，大力发展文化观光和旅游不仅是文化的对内传播，也是文化的对外输出，是典型的"请进来"。具体来说主要体现在展览会、文博会和交易会的深入开展和主题公园建设方面。

在展览会、文博会的建设和发展方面，比较突出的是中国（深圳）国际文化产业博览交易会（以下简称"文博会"）。从2004年首届文博会开始到今天，深圳文博会至今已经成功举办了13届，大力促进了文化产品"走出去"的步伐，推动了中国文化贸易的发展历程，成为推介中国文化、展现中国文化魅力、体现文化创意和文化产业发展的重要窗口。但是，文博会整体在中国的发展仍然处于起步阶段，与其他行业成熟的博览会相比，文博会还存在着市场机制不够完善、专业化程度不高等问题，需要我们在今后的发展中不断提高其市场化水平，尽快培育一批具有国际竞争力的文化会展企业。

在主题公园的建设和发展方面，目前国内主题公园可以分为历史文化、景观观光、休闲游乐、情景模拟、主题创意五大类（见表7-1）。总体来说，当前我国的主题公园盈利模式单一，大多靠门票收入；文化和科技创意较少，公园内游乐产品、游乐纪念品同质化严重；地产输血是维持其生存的主要方式。随着我国居民对主题公园的旅游需求不断扩大，国外的竞争对手纷纷计划进入中国。比如，于2016年开园的上海迪士尼乐园和拟于2019年开园的北京环球影视城，运营的参与者均是国外企业，传递的是国外企业所代表的文化和价值观，一定程度上冲击了中国本土文化的对外传播。本土的主题公园建设急需重视。政府应进一步加大对主题公园建设的政策和资金支持，以满足游客的心理需求为终极目标，以展示和推介中华文化为主导，进行主题开发和产品衍生，推动适合中国的有竞争力的主题公园建设。

表7-1　　　　　　　　国内主题公园的分类

类别	体验内容	特征	主题公园代表
历史文化	历史文化	以历史文化的参观、体验为主题	杭州宋城景区、开封清明上河园、常州春秋淹城
景观观光	人造景观	以仿真或人造景观的缩微景观为游览主题	深圳锦绣中华、世界之窗、昆明世界园艺博览园
休闲游乐	游乐设施	提供大型游乐设施以满足游客的休闲游乐需求	"欢乐谷"系列主题公园、苏州乐园、杭州乐园
情景模拟	人造场景	以场景体验为主	浙江横店影视城、银川华夏西部影视城
主题创意	独特主题	以独特的主题创意为主，融合多种表现方式的主题体验	迪士尼乐园、环球影城、常州中华恐龙园、方特欢乐世界

资料来源：根据资料整理。

目前，中国华侨城集团、深圳华强方特集团、广州长隆集团、宋城集团是我国主题公园建设的典范，每年接待游客数量都在千万人次以上，有力地推介了中国文化的内外传播，对于全国各地主题公园的建设提供了很好的借鉴和榜样作用。只是，与美国的迪士尼集团、环球影城娱乐集团、六旗集团和英国的默林娱乐集团相比还有很大差距，其盈利问题、主题文化内容的充分展示问题等急需破解。

（五）全面布局STP战略，推动文化对外传播的精准化

当代中国文化对外传播需要主动参与国际文化市场的竞争，更多地利用商业渠道和市场化运作来输出文化产品，把能够体现中华文化特色的现代文化产品输出去。长期以来，我们的对外传播尽管也强调本土化设计，强调对输出文化进行不同程度的裁剪和整理，但基本上没有针对不同的人群、不同的地区、不同的民族、不同的文化而设计，这充分表明我们现阶段的文化对外传播仍然存在泛传播现象。我们能否摆脱传统的"外宣模式",改变长时期并在相当程度上存在的针对性不够强的"泛传播"现象,实现国际传播的有效性,取决于我们的传播主体在精准传播方面的理念更新与创新实践,取决于我们对目标受众的把握与设计,也取决于我们对文化输入国文化市场的STP(市场细分、目标市场选择和市场定位)营销布局。

1. 开展经常性的国际文化市场调查与研究,寻找国际文化市场机会。

国际文化市场调研是一项复杂的工作,可以由相应的调研机构、对外传播机构专业人员完成,也可以通过互联网调查等方式了解输入国的政治文化现状、文化消费者的基本情况、竞争者的相关情况等,为自身的文化传播选择市场机会。

(1) 了解目标输入国的文化、政策情况。

政治文化环境影响文化营销。我们的文化对外传播要了解目标输入国相关的文化政策,包含政策构成分析(包括产业政策、宣传政策、财政政策、金融政策、投融资政策等)、政策倾向分析和政策持续性分析,了解这个国家相应的文化倾向和文化禁忌。只有按照文化传播的规律,充分调查,区别对待,才能做到文化对外传播的有的放矢。

(2) 开展目标输入国文化消费者或受众的相关特征调查与研究。

文化产品的对外输入不能离开对文化消费者的调查和研究。在了解目标输入国相关文化政策的基础上,对文化消费者的调查是文化市场调研的核心。对文化消费者的调查主要包括了解目标输入国消费者的社会特征(包括年龄、性别、学历背景、职业状况、收入水平、消费以及决策地位等)、文化产品接触行为和偏好特征(包括接触文化产品的总体时间、享用文化产品的满意度水平、对文化产品价格的心理承受水平、对销售和发行渠道的接触习惯、对内容资讯的偏好、对文化产品的改进要求、文化产品接触习惯的变化等)、文化消费者的人口总体规模、人口结构变化、目标人群在人口结构中的地位和影响力、目标人群的规模和结构变化等。

(3) 对文化市场竞争状况的调查。

对国际文化市场竞争状况的调查是了解国际市场发展空间、了解国际市场竞争者基本市场定位、了解他国文化输入情况和有效协调自身对外传播策略的重要工作。具体来说，对国际文化市场的调查主要涉及国际市场上文化产品的市场密度、结构和供给的满足程度，文化市场空隙，各个竞争者的对外传播策略、手段和实力，有关文化企业同类文化产品的制作、传播、成本、价格和利润情况，广告和促销投入的比较优势，地区文化产品的差别和供求关系，整个文化市场的收益水平和未来趋势，最适于文化消费者接受的定价水平和文化内容的性质，文化产品接触渠道的整合和竞争情况等。

2. 实施 STP 战略，实现精准化对外传播。

开展国际文化市场调研是获得国际文化市场机会的重要前提，但要实现文化对外传播的精准化，还需进一步对所获得的市场机会进行相应研究。

STP 战略是现代市场营销战略的核心。S、T、P 三个字母分别是 segmenting、targeting、positioning 三个英文单词的缩写，即市场细分、目标市场选择和市场定位。顾名思义，STP 战略就包含这三层战略。其中，第一步是市场细分（segmenting），简称 S 战略，即根据购买者对产品或营销组合的不同需要，将市场分为若干不同的顾客群体，并勾勒出细分市场的轮廓。第二步是确定目标市场（targeting），简称 T 战略，即选择要进入的一个或多个细分市场。第三步是市场定位（positioning），简称 P 战略，即在目标市场顾客群中形成一个印象，这个印象即为定位。根据文化市场营销的相关知识，我国文化对外传播更要遵循和借鉴这样的国际化营销思路和策略。

(1) 文化市场细分。

市场细分是 STP 战略的第一步，是指文化输入国根据受众或文化消费者之间需求的差异性，把一个整体文化市场划分为若干个消费者群体，进而确定我们的文化输入目标市场的过程。在这个过程中消费者群体的划分是非常关键的，需要我们加强对受众心理的研究，明确受众定位，在充分了解受众的基础上划分不同的消费群体。

受众是大众传播中一个举足轻重的主体，他们既是传播活动的起点，也是传播活动的归宿。[①]现在的受众不再是以前单纯的"传者"，而是可以在"传—受"之间不断互换角色。对此，有研究者指出：受众的存在是无可名状的，它不存在于任何真实的地方，只存在于分析性的话语中。由此可见受众群体的复杂性。而对跨国受众进行分析更是一件极为困难的事。丹尼斯·麦奎尔（Denis McQuail）在《受众分析》一书中曾说过，跨国受众形成的真实情况到底如何，很大程度上仍然未知，因为它实际上是难以测量的。我们不仅要对受众所在国的政治、经济、文化制度、体制等进行了解和研究，找到对外传播的切入点，还要对受众的文化、心理、气质、特征等进行深入了解，研究其文化产品消费习惯和接触习惯。

对于任何一种异域文化，不同的传播受众或文化销售者的关注点也不尽相同，异域文化受众对当代中国文化的选择也会呈现诸多差异。差异化的受众形成传播对象的多元化特征，因此，当代中国文化在对外传播的过程中既要把握与之适应的内容，又要厘清传播层次，更要细分受众，有的放矢。同时，充分发挥文字、图片、视频的优势，分层次、多角度、全方位地推广中国文化产业及文化产品。

---

① 刘燕南、史利：《国际传播受众研究》，中国传媒大学出版社 2011 年版，第 11 页。

受众细分中非常关键的是受众细分的标准。具体到当代中国文化对外传播的受众，既有汉文化圈下的受众也有中华文化圈影响下的受众，还有西方文化视域下的受众。此外，按照受众对传播者的态度可以分为顺意受众、逆意受众和中立受众；按照受众行为的发展过程，可以分为潜在受众、知晓受众和行动受众。

根据地缘政治地位的不同，可以将对外传播中的国际受众划分为重点受众、次重点受众和一般受众。所谓重点受众，即与传播主体国有特殊地缘或人脉关系的国家、群体或个人。他们或与传播者有战略合作伙伴关系，或是传播者在政治、经济、外交、军事等领域的盟友。他们大多是各自领域的舆论领袖，或者是掌握话语权的国家、群体或个人。对于传播国来说，在关键时刻这部分受众的态度和立场至关重要，因为他们的理解和支持有利于形成良好的国际舆论氛围，使传播国的目标能够顺利实现；他们的不理解或不支持，可能会使传播国孤掌难鸣，陷入被动局面。[①]

我们还可以根据受众对中国的感情和态度把国外受众划分为三类：第一类是海外华人、华侨和留学生，他们对中国文化有着深刻的感情，时刻关注祖国的变化，祖国是他们坚强的精神后盾；第二类是喜爱中国传统文化，渴望了解中国发展变化的海外友好人士，一般情况下他们对中国文化保持着浓厚的兴趣，随时关注着中国的变化；第三类是想到中国工作、学习、旅游的海外受众，他们希望通过中国文化了解中国当前的社会发展状况，并通过汉语学习了解中国的工作环境、学习环境、生活环境和自然景观等。以上这些群体中，第一类、第二类应是我们的核心受众，第三类受众是我们的分散受众（或边缘受众），是我们要争取的受众，努力使他们逐步向第一类、第二类转变。

[①] 董海涛：《全球化语境下我国对外传播中的平衡策略研究》，武汉大学博士学位论文，2012年，第126页。

(2) 目标市场选择与定位。

目标市场选择是指估计每个细分市场的吸引力程度，并选择进入一个或多个细分市场，也就是 STP 战略中的 T 战略。目标市场定位就是考虑如何将自己的文化产品、品牌、组织的形象，以有效手段传递至目标人群，占据文化消费者心理预期结构的首要位置，更好地让受众接受，并与文化消费者结成稳固的关系，也就是 STP 战略中的 P 战略。要改变长期以来的定性分析和模糊推测，转向对大数据的分析和使用，使文化产品的目标客户更精准，产品体验更人性化。

首先，要进一步挖掘目标受众需求，与顾客建立关系。对外传播的受众和我们有着不同的文化背景和价值观需求。要实现文化市场目标受众的定位，就要不断挖掘受众目标需求。卡尔·霍夫兰（Carl Hovland）于 1946 年提出的"个人差异论"认为，大众传播媒介只有先弄清受众的兴趣、爱好、需要、价值观、态度等，再挑选与之相应的讯息内容进行传播，才能有效地使用户接受信息，否则就会遭到回避和拒绝。[1] 把握受众的差异性，是实现良好传播效果的有效方式。

与顾客建立关系，要打感情牌，在文化市场营销中要注重情感渗透。乔治·哈特曼（George Hartman）曾做过一次同政治选举有关的实验调查。调查表明，竞选者从散发情感煽动传单的各个区获得的选票较多，从散发理性分析传单的各个区获得的选票较少，而获得选票最少的是那些任何传单都没散发过的选区。可见诉诸情感比诉诸理智对人的行为影响更大，具有更大的劝服效果。[2] 在对外传播中，我们可以应用"情感诉求"的传播技巧，在传播中渗入感情因素，来打动国外受众，取得良好的传播效果。

其次，充分发挥舆论领袖作用，引导目标受众的文化消费。

---

[1] 李彬:《大众传播学》（修订版），清华大学出版社 2009 年版，第 199 页。
[2] 邵培仁:《传播学》，高等教育出版社 2000 年版，第 189 页。

20世纪40年代，拉扎斯菲尔德（Paul Lazarsfeld）等人在美国大选期间，针对美国大众媒介对美国选民的影响进行相应调查之后发现，大多数选民获取信息并接受影响的来源并不是大众媒介，而是其他选民，这些有影响力的选民称为舆论领袖（又称为意见领袖）。他把受众分为两类，一是意见领袖，二是普通追随者。大众传媒影响前者，前者又影响后者。

从受众角度出发，信息源的公信力有一个递减规律：首推专家学者，其次是媒体，最后是政府。[①] 因为专家或知识分子是受人尊敬的社会阶层，不仅在受众心中具有较高的公信力，而且具有很大的"流转效应"，能够左右多数人的看法，因此被认为是社会的"意见领袖"。拉扎斯菲尔德认为大众传播并不是直接"流"向受众，而是要经过意见领袖这个中间环节。当代中国文化在目标输入国文化的输入同样离不开当地文化精英、舆论领袖的支持和引导，在具体的对外传播实践中要注意寻找这一类人群，发挥他们在当地民众中的影响力。

最后，创新文化内容，培育新的文化消费群体。一是要不断研究拓展文化产品的功能。可以说，文化产品每一项功能的延展，都会带来一批新的消费者。这一点在互联网上表现得尤其明显。二是要不断研究使文化消费者增加消费频率的方法。文化消费者消费频次的增加直接带来的就是对文化产品数量和内容的更多需求。需要注意增加文化消费频率要与收入结构相匹配。对于内生性收入主导结构类型的文化企业，增加文化消费频率可以增加绝对利润值；对于外生性收入主导结构类型的文化企业，如果获取的广告收入低于发行亏损，增加文化消费频率只会导致企业亏损越多，因此，需要考虑是否可以吸纳到更多的广告资源。

---

① 李智：《文化外交：一种传播学的解读》，北京大学出版社2005年版，第169页。

在引进新消费者的同时要注意保持文化产品价值的兼容性和连续性,以照顾已有文化消费者的消费习惯和利益诉求。对已有文化消费者的兼容,会鼓励他们把消费本文化产品的习惯保持下去。

(六)转换话语体系,增强国际话语权

话语权和话语体系是两个既相关又有区别的概念。应该说,我们从来都不缺话语体系,比如中国特色社会主义理论体系,是马克思主义中国化的成果,是一个比较完善的话语体系,而最终这种话语体系能否被认可和接受,就是话语权的问题。一般来说,话语体系常常存在,但话语权却不一定有。根据福柯(Michel Foucault)的观点,话语权背后隐含着国与国之间地位、实力的角逐,记录了国家利益与意识形态的竞争。可以说,话语权很大程度来自一个国家强大的经济、军事实力,但拥有什么样的话语体系同样是影响话语权的重要影响因素。

在当代大众传播领域,话语体系的构建受到高度重视。党的十八大以来,以习近平同志为核心的党中央高度重视对外话语体系创新工作,明确提出要加强话语体系建设,着力打造融通中外的新概念、新范畴、新表述,讲好中国故事,传播好中国声音,增强在国际上的话语权。长久以来,中国无法占据国际话语体系的主导权,很多根深蒂固的偏见被不断叠加。我们必须转变现有的话语体系,打造符合时代要求的国际话语体系,增强国际话语权。

1. 转换话语表达方式,实现文化语态的融合。

话语权尽管掌握在权力者手中,但是建立话语权、维持话语权却离不开话语表达方式,它是指参与对外传播活动的行为主体不但要与国际通行的认知、规范体系对接,还要高度重视传播对象国的文化特性,以他们能够接受的话语方式进行表达。由于受传统观念的影响,我国的对外宣传长期形成了一种"说教式"

的传播语言,话语方式相对陈旧、单一,与外部世界缺乏共同的诉求点。这种以"我"为主的简单、粗放的话语方式,忽视了受众的接受心理和复杂多变的传播环境,使传受双方常常处于错位的状态,彼此难以沟通、理解。近些年,随着我国改革开放的不断深入,上述情形有所改变,但是,在与世界话语体系的融合方面仍有很大的提升空间。

(1) 打造融通文化的人格化符号。

如何将文化领域较为严肃的题材与吸引受众的表达方式相结合?有学者发现,要让西方主流话语更多地认同和接受中国话语,中国的话语体系就要在不触及国家根本性问题的前提下进行创新。不是自说自话、自娱自乐,而是在话语修辞表达层面摆脱原有的宣传表达方式,在整体符号体系的设计、编码、表征实践上综合考虑,生产出一套人格化并具有一定劝说功能和认同潜力的符号系统。社会学认为:一个社会的文化既包括无形的方面——信仰、观念和价值,也包括有形的方面——实物、符号或技术,它们表现着文化的内容。[①] 文化精神最终是要借助文化符号来传播与展示的。英国外交官曾说,英国宁愿失去印度,也不愿失去莎士比亚。莎士比亚已经成为英国的一个符号、一个名片。可见,一个公众人物、一个文化符号对国家形象的重要性。我们在对外传播中,也需要发掘具有国际影响力的公众人物,使其能够更好地承载国家元素、观念和文化,实现国家形象的人格化表达。

打造融通中外的符号,还需要不断完善文化符号的表达系统。文化不是简单地将物质和精神叠加,它是基于物质和精神创造而形成的、不断传播着的符号系统。我国比较注重文化的创造而不大注意文化符号的凝练,以致使文化传播缺乏明确而强烈的

---

① [英] 安东尼·吉登斯等著,赵旭东、刘琛等译:《社会学》(第4版),北京大学出版社2006年版,第21页。

表达话语。相比之下，西方恰恰相反，在其学界，最为流行的文化概念就是符号学派的概念。

（2）打造融通世界的故事载体。

约瑟夫·奈曾经说过，在传统的力量政治世界中，典型的问题是谁的军事和经济力量能赢。在信息世界中，政治可能最终依赖于谁的故事能赢。① 在信息时代，谁的故事能打动人，谁就能拥有更多的受众，就能更好地传播。好故事能够跨越语言障碍，超越文化纷争，突破心灵隔阂。从一定意义上说，塑造国家形象的效果、传播价值理念的力度、增进文化认同的质量直接取决于我们讲故事的能力和水平，取决于我们选择什么样的故事载体，采取什么样的讲故事方式。美国的好莱坞大片和一些娱乐节目，看起来轻松诙谐，但始终是在弘扬"美式主旋律"，是其"美国故事"的另类表达。当前，国际舆论话语更多地采用经济、文化、娱乐类"软话题"，日益呈现"夹带式"政治传播的特点。这提示我们，我们的对外传播也应做出相应调整，多用经济、文化、科学等方面的话题，用与人们息息相关的各种故事，真情而巧妙地传播中国文化。

纪录片《舌尖上的中国》就是这样的一种故事载体，其一经播出，即在海外取得了良好的口碑，在法国戛纳电视节上引起很多外国媒体关注，播映权卖到法国、韩国、日本、德国、俄罗斯等20多个国家和地区，成为提升我国文化影响力的标志性作品之一。《舌尖上的中国》秉承了传统文化中人与自然的和谐精神，记录了中国饮食文化的传承，不仅仅展示了中国60多个地区的人文风情和地理生态，同时还展示了中国人民的勤劳与智慧。这对西方观众而言，是全新的思想碰撞与视觉体验。《舌尖上的中国》讲述了一个又一个打动人心灵、吸引人味蕾的美食故

---

① ［美］约瑟夫·奈著，吴晓辉、钱程译：《软力量——世界政坛成功之道》，东方出版社2005年版，第117页。

事,是一个能够融通世界的故事载体。

(3) 要能够使中国话语"产品化""可感化",实现对话式交流。

为了避免误解,增信释疑,中国话语要学会转换以往政治话语,实现中国话语的"产品化"和"可感化"。在具体的表达方式上要变独白式宣传为对话式交流,提高"向世界说明中国"的能力。要通过各种方式,使中国话语价值与西方社会认知在对话交锋及参与全球(区域)合作治理的进程中,拆掉阻碍沟通的"铜墙铁壁",形成相互尊重、理性对话的共识。

美国学者岩渊功一曾提出"文化气味"(cultural odor)的概念,也有助于我们理解中国话语的"可感化"和"产品化"。在全球化步伐日益加快的形势下,中国话语要想在国际上赢得一席之地,必须要舍弃一部分自身原始的"文化气味",改成中立产品,把"我们想讲的"变成"受众想听的",把"受众想听的"融入"我们想讲的",找准国际受众关切点,掌握国际传播主动权。比如,2017年《人民日报》推出微纪录片——"改变——习近平治国理政这四年"。在两会召开之际,又推出了rap动画——"word两会我做主",这样的表达方式就实现了严肃与活泼相结合、语言文字与图片动画相结合。《人民日报》账号打造的品牌栏目"漫画评论"(cartoon commentary),发布由相关机构制作的系列卡通动图,新鲜有趣,视觉效果很好。此外,还有在海外发行60多万册的《习近平谈治国理政》,有在美国覆盖率达80%的中国纪录片《中国面临的挑战》,有在十多个国家主流媒体报道转载的视频《习主席来了》,有外国网友称"根本停不下来"的网络视频《十三五之歌》……这些都是可感、可视的产品化话语,得到国内外受众的一致好评,成为传播中国、沟通世界的重要渠道。

2. 积极参与议题设置,引领国际舆论方向。

议程设置是一个过程,既能影响人们思考哪些问题,也能影响人们怎么思考。媒体反复报道和强调的问题，与社会公众关注的问题有高度的对应关系，媒体起着为公众设置"议事日程"的功能。

美国和其他西方国家都非常重视通过"议程设置"来构建国家话语体系，引导舆论、控制信息，通过把握第一手信息源和话语主动权，来对媒体的报道产生影响。清华大学新闻与传播学院李希光教授指出，由于全球媒体的强大垄断和国内网络的畅通与发达，国际上的重大新闻议题与框架的议程设置权，正在悄悄从我们的宣传部门和外交部门转移到以美国为主导的全球媒体手中了。[①] 我们的文化对外传播要充分发挥各类媒体的作用，适时地提出具有原创性、思想性和时代特征的议题，掌握国际舆论的主动权。

（1）中国文化对外传播的议题设置要超越民族和国家，具有共同认可的道德观念和价值观念。

中国文化对外传播要选取具有普遍认可的、共通的价值理念。我们的文化议程设置如果不考虑受众普遍的兴趣和价值理念，是无法引起国外受众和媒体的兴趣的，更谈不上二次传播或多次转载了。2003年，美国出兵伊拉克，给出的理由是：萨达姆政权暗中为国际恐怖分子提供帮助，给世界和平与安全造成极大威胁，为了维护世界和平，美国必须对其进行军事打击。这种说法在很大程度上掩盖了美国的真正意图，有助于它在世界范围内达成共识，从而达到预期目标。

（2）中国文化对外传播的议题设置要具有合法性。

议题设置的合法性一是指要符合国际相关传播法律规定，也就是我们文化的对外传播无论采用什么样的手段，借助什么样的载体，必须要将自身的文化和价值观置于国际体系的框架内进行

[①] 李希光：《谁在为中国媒体国际报道设置框架——〈中国青年报〉国际报道议题设置与框架选择分析》，参见 http://www.media.tsinghua.edu.cn。

阐释。二是指利益的合法，也就是说，我们的文化对外传播要以不侵犯文化输入国的利益为根本落脚点。三是指价值的合法，即要站在人类命运共同体的高度坚守自身的价值操守，尊重对方的文化理念。

（3）中国文化对外传播的议题设置要分清主次。

议程的传播效果离不开议题大小、议题规模、对议题的传播情况等。一般来说，应根据议题的大小和议题想要达成的传播效果，商议议程设置的规模，将重点议题设置成大规模议题是获得良好传播效果、提升媒体说服力的一种积极手段。

在有关议程设置的问题上，要注重核心问题设置的规模，并注重对所设置的核心问题进行不同层面的报道。当代中国文化对外传播在议程设置的时候，要着重对重要的文化信息、综合性的文化内容进行设置，引领国际舆论的发展方向，占领文化对外传播的国家话语权。此外，对外传播的议题设置要讲究艺术性的包装和设计，避免政治说教。

3. 大力推广对外汉语，提升国家语言能力。

转化话语体系，离不开语言的使用问题。语言是话语体系的重要组成部分，国家语言能力是衡量话语权大小的重要指标。当前，我们的话语体系建设中最突出的一个问题就是我们虽然是世界第一人口大国，但我们不是语言强国，与我国的第二大世界经济体地位相比，我国汉语语言能力还处于低水平。我们必须把国家语言能力建设放在提升国家文化软实力和综合国力的大格局中去思考。

（1）重视语言能力建设，将语言推广纳入国家战略。

一般来说，一个国家民族语言的国际推广程度（或国际化程度），往往在很大程度上反映着这个国家的国际地位和在国际舞台上的实际影响力。《国家中长期语言文字事业改革和发展规划纲要（2012~2020年)》指出，语言文字是人类最重要的交际工具和信息载体，是文化的基础要素和鲜明标志，是促进历史发展和社会进步的重要力量。一个人口大国，一个经济大国，也应该成为语言大国，成为语言强国。我们必须迅速提升国家语言能力，将语言战略纳入国家总体发展战略之中，以应对全球化给国家安全和国家发展带来的各种挑战。

要进一步加大对外汉语教师的培训力度，加强对外汉语人才的培育和引进。加强对外汉语交流平台的建设，尤其是在世界各国构筑新的中国文化平台（比如打造一系列中国文化节、中国文化年），以传播中国文化。汉语的对外推广要考虑到目标输入国的文化和社会的特殊境遇，从文化认同的角度进行汉语对外传播。美国在中东地区的萨瓦台大量聘用当地记者、撰稿人、制作人、播音员，使用当地语音、语调、节奏和语速播报，拉近了与听众的距离。此外，萨瓦台还在伊拉克、摩洛哥、黎巴嫩、埃及、约旦、阿联酋、利比亚、苏丹等国建立分台或节目制作室，实现了内容、人员和机构的本土化。这些做法我们可以借鉴。

（2）进一步加大孔子学院的建设和辐射力度。

中国自2004年开办第一所孔子学院，至今已经在全球建立500多所，不仅成为汉语教学基地，同时也成为向全球传播中国文化的重要平台，有力地促进了中华文明与世界多元文明的接触与交流。

但是，孔子学院也引起了一些国家的敌视。"中国威胁论""中国文化入侵"的论调不断被炒作，西方政客开始攻击孔子学院。早在2010年，美国政府就开始通过各种渠道调查孔子学院，对教材、教师以及孔子学院教职员工的来往信件等都进行层层审查。2012年，美国国务院发布指令，要求孔子学院部分中国老师离境。美国北达科他州的州立迪金森学院则拒绝开设孔子学院。

孔子学院的这些境遇与其在西方的形象有关。在西方人看来，孔子学院是一个官方宣传及公关机构。西方媒体认为孔子学院是中国政府的"文化前哨"。尽管在欧洲，法国、德国等国家也设立了与孔子学院类似的法语联盟、歌德学院等文化输出机构，但孔子学院是"唯一一个直接由政府赞助和管理的机构"。除了政府因素，民众心理也不可忽视。在西方国家很多民众的观念里，中国仍然贫穷、落后，他们不屑了解中国的现状。因此，要加大孔子学院的建设力度和辐射范围，首先必须改善宣传方法和策略，培育孔子学院自我运营的产业化渠道，减少政府的直接投资。另外，还要经常性地研究西方民众的心理特点，采取有针对性的交流方式，并认真借鉴西方国家文化传播之道，制定传播策略，把中国文化的精髓真正"送"到全球。

（七）建立国际舆论环境监测与评估反馈机制，提升对外传播效果

国家舆论环境在文化对外传播中发挥着重要作用。任何文化的对外传播都是处于一定的环境之中，对环境的把握和掌控是实现文化对外传播的前提和关键。西方学者对传播模式的构建与修正过程中，越来越关注对舆论环境的监测以及对评估的反馈。

1948年，哈罗德·拉斯韦尔在其《传播在社会中的结构与功能》中提出了"5W"模式［谁（who）→说什么（says what）→通过什么渠道（in which channel）→对谁（to whom）→取得什么效果（with what effects）］，界定了传播学的研究范围和基本内容，对人类社会的传播活动进行了分析，影响极为深远。但是，这个模式忽略了传播后续的"反馈"环节，忽略了传播过程中外部环境的影响。

1949年，美国信息学者C.香农（Claud Shannon）和W.韦弗（Weaver）提出了香农—韦弗模式，对"5W"模式进行了修正和丰富，该模式又称为"传播过程的数学模式"（见图7-3）。在这一模式中，传播被描述为一种直线性的单向过程，包括了信息源、发射器、信道、接收器、信息接受者以及噪声六个因素。后来噪声（噪音）即指代一切影响传播进程的因素。

第七章 当代中国文化对外传播策略

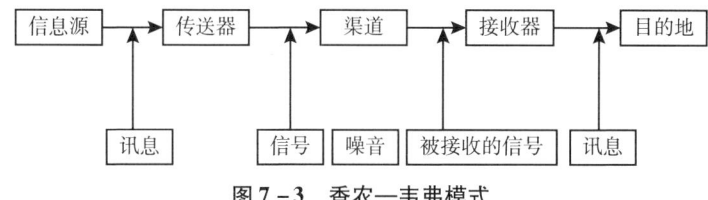

图7-3 香农—韦弗模式

资料来源：[英]丹尼斯·麦奎尔著，祝建华译：《大众传播模式论》，上海译文出版社2008年版。

20世纪50年代，德弗勒（Defleur）克服了香农—韦弗模式单向支线的缺点，明确补充了反馈的要素、环节和渠道，在香农—韦弗模式的基础上加以改进，形成了德弗勒的互动过程模式（见图7-4）。该模式尤其重视反馈环节，使传播过程更符合人类传播互动的特点。

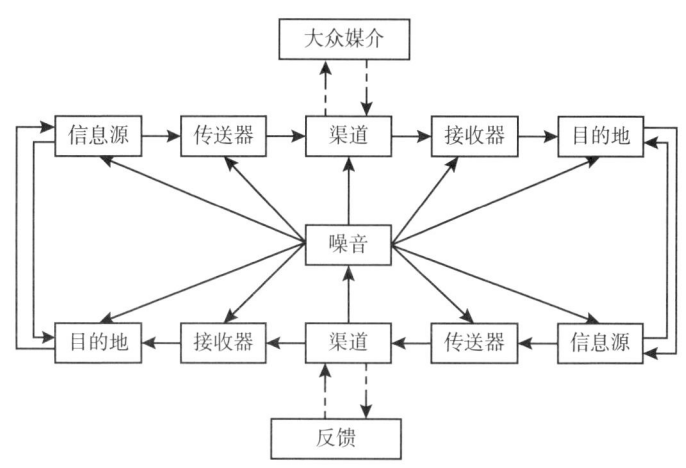

图7-4 德弗勒互动过程模式

资料来源：[英]丹尼斯·麦奎尔著，祝建华译：《大众传播模式论》，上海译文出版社2008年版。

1959年，美国传播学者赖利（J. W and M. W. Riley）夫妇在《大众传播与社会系统》中，从社会学的角度提出了"社会系统的传播模式"（见图 7-5），认为传播过程总是处于社会系统中并受其影响，所有的传播过程都可以看作是一个系统的活动。赖利夫妇的这一模式和以前其他传播学者提出的直线模式和循环模式相比，开始着眼于传播过程的宏观环境，并更多地对社会系统的整体环境加以研究，将传播过程放到整个社会系统运行的大框架中去把握。

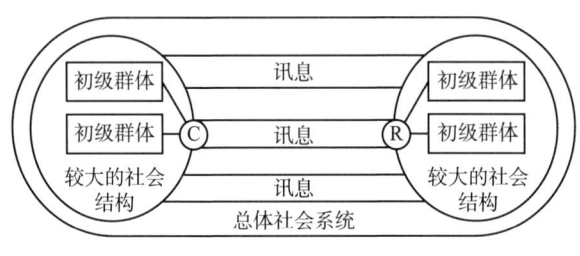

C=传播者　　　R=受传者

图 7-5　赖利夫妇的传播系统模式

资料来源：郭庆光：《传播学教程》，中国人民大学出版社 2004 年版。

我国对外传播学者在综合国外研究的基础上，对我国文化对外传播模式进行了丰富和完善，构建了环形对外传播模式（见图 7-6），这一模式不仅概括了整个传播过程，还对传播过程中的系列影响因素做了预测和界定，而这正是当代中国文化对外传播需要做的工作。

传播过程中存在噪音以及其他一切不可预知的因素，因此，我们的文化对外传播需要建立相应的国际舆论环境监测与评估反馈机制，以减少"噪音"的影响。一方面，对国际舆论环境进行有效监测，提前预知中国对外传播所面临的国际议题，及时了解国外不同区域受众对我国传播内容的反应。另一方面，建立对外传播反馈机制，实时获取国外涉华舆论动向，及时调整传播策略。

第七章 当代中国文化对外传播策略

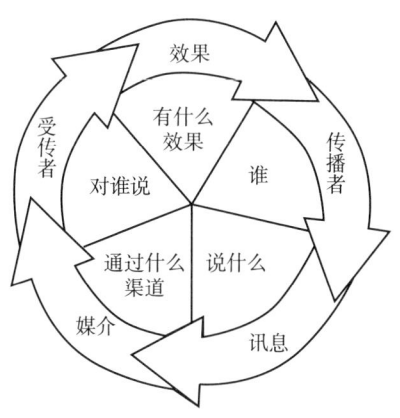

图7-6 环形对外传播模式

资料来源：程曼丽：《中国的对外传播体系及其补充机制》，载于《对外传播》2009年第12期，第12页。

为了增强我国文化的国际传播力，需要建立一个科学的、量化的对外传播效果评估体系，该效果评估指标主要由传播主体、传播内容、受众和传播影响力四大块构成,[①] 依据传播主体的知名度、可信度、竞争力、传播内容的种类、风格、受众的满意度、参与度、体验度、传播影响力等因素测评我国文化对外传播效果（见图7-7）。围绕此效果评估指标，设定相应的评估标准和评估方法。

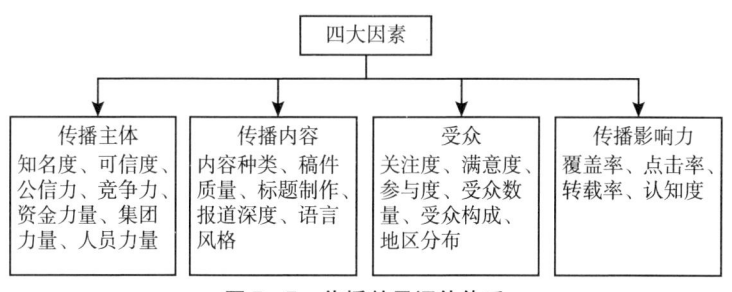

图7-7 传播效果评估体系

---

① 程曼丽、王维维：《对外传播及其效果研究》，北京大学出版社2011年版，第197页。

1951年,卡尔·霍夫兰对信源的可信性与说服效果的关系进行了实证考察,并提出"可信性效果"概念:一般来说,信源可信度越高,其说服效果越大;可信度越低,说明效果越小。此外,研究证实,传播来源的知名度与动机也与传播效果密切相关。同一内容的信息,如果出自不同的传播者,人们的接受程度不一样,获得的传播效果也不同。一般来说,信源的权威性知名度越大,其可信度就越高,传播效果就越好。传播来源的动机与传播活动效果的关系是,当传播者的动机同他本人的利益相反时,他的劝服力量才最大,即使传播者的威信不高,也能导致人们对某事物的态度改变。传播者的形象、威望以及传播者对信源的把关程度等直接影响着传播的效果。但是,由信源可信性带来的说服效果并不是一成不变的。[①] 卡尔·霍夫兰在对于传播效果的理论探寻中提出了"休眠效应"(sleeper effect)理论,他认为,随着时间的推移,高可信度信源的传播效果会出现衰减,信源可信性的影响趋于减弱,而传播内容的作用开始真正发挥出来。所以,传播内容归根到底影响着传播的效果,我们的文化对外传播要取得较好的传播效果,就需要持续发掘文化资源,不断整合文化内容。

对于传播影响力的评估主要集中于目标受众国政府的态度、媒体的相关言论、媒体的二次传播程度、受众的反应等多个方面。对受众满意度、参与度以及体验度的评估是衡量以上几个指标的关键。而对受众的评估目前比较容易操作的是定量的研究方法。具体来说:就是通过建立专门的受众调查机构,以受众的来信、来电、互联网平台发放调查问卷等形式对受众进行调研。英国的BBC和美国的CNN都设立了受众与营销研究部门,经常对目标受众进行规模不一、方式各异的调查,了解受众对节目定位、节目内容、播出时间等方面的意见,从而对节目进行调整并

---

① 郭庆光:《传播学教程》,中国人民大学出版社2011年版,第183页。

评估传播效果。此外，他们还经常委托对象国的专业调查公司对受众进行调查，对传播效果进行动态跟踪。这些做法，都是我们进行评估需要借鉴的地方。

除此之外，在对以上四项指标进行测评的基础上，应充分考虑影响四大指标的因素，不断修正各指标的内容和形式，完善效果评估体系，做到"前期侦测预警，中期跟踪研判，后期反馈矫正"，从而进一步明确当代中国文化对外传播的立足点、聚焦点和切入点，提升对外传播效果。

结　　语

当代中国文化的对外传播既需要一定的文化自觉，又离不开一定的文化自信。费孝通先生指出，当代中国文化必须经过文化自觉的艰巨过程，才能在这个已经形成中的多元文化的世界里确立自己的位置。要在了解自身文化的基础上，主动自觉地维护我们文化的历史和传统，使之得以延续并发扬光大；要以发展的观点不断开展文化创新，赋予传统以新的生命；要以开放和包容的心态，不断对外传播我国优秀的文化传统和价值。

当代中国文化传播需要转变以往的传播理念。当前，我们的对外传播理念已经从理论上实现了由"宣传"到"传播"的转换，但在实践操作中，中国还没有形成和确立一种与理论契合的、有中国特色的国际传播理念和战略，这制约了中国的国际影响力。而且，对外传播理念的彻底转化只是理念转变的第一步，还需要实现"从对外传播到内外传播"、从"从内外传播到对外大传播"的转变，这是增强传播效果、实现对外传播价值的一个重要前提。

当代中国文化的对外传播要遵循文化传播的基本规律。文化传播有其自身的规律。一般来说，文化的传播总是由强势文化区向弱势文化区辐射和渗透，强国的文化往往被更多地关注和传播，"器"文化层往往比"道"文化层更容易传播和被接受。文化的传播程度与文化本身的风格有很大的关系，文化载体对文化的传播有重大影响。那些易于接受、易于被模仿的文化更容易得到传播。我们的文化对外传播应该积极挖掘其中所具有的人类文化的共识性因素,创新传播渠道和载体,采用新颖有趣且具备中国特色的表达方式和传达技巧,达到形式与内涵的高度融合。

当代中国文化对外传播既要注重文化理论的思考,也要考虑对外传播实践。一方面,中国文化对外传播的规律、流程、模式、架构等急需更为深入的理论探讨,因为中国文化对外传播的相关理论体系远远落后于实践进程。另一方面,要积极构建当代中国文化对外传播的多元化内容体系、集约型协同体系、多层次人才体系、立体化通道体系、动态性评估体系。

当代中国文化的对外传播离不开一套成熟的话语体系。话语体系与话语权紧密相关,但话语体系常有,话语权却不常在。这就要求在我们现有的话语体系中实现文化语态话语体系的转换,实现民族性与世界性的融合、传统性与现代性的融合、大众话语与精英话语的融合,增强国际话语权。

当代中国文化对外传播要考虑一定的壁垒。一般来说壁垒包含政治性壁垒和经济性壁垒。政治性壁垒主要是一些政策、制度类壁垒。在文化的跨文化传播中,有些国家为保护自身的民族文化和文化产业、巩固自身的文化安全,会人为设置相应的文化政策壁垒,符合该国文化政策的要求才能进入。经济性壁垒主要存在于市场领域,涉及文化市场中的结构性进入壁垒和行为性进入壁垒。结构性进入壁垒产生于企业欲进入的市场本身的自然属性要求。行为性进入壁垒一般来自在位文化企业的一种防御性行为。中国文化的对外传播不仅要考虑文化政策层面的制约和障碍,还要考虑经济贸易领域的人为限制。

当代中国文化对外传播需要一定的策略,但更离不开强大经济实力的支撑。在许多情况下,文化的强弱是以经济为杠杆的。强势经济会带动它所依赖的文化传播。[1] 一个国家强大的综合国

---

[1] 王廷信:《昆曲的民族性与世界性》,载于《民族艺术》2006年第3期,第14~17页。

力能够提高民族自信心和自豪感，大大增强文化和意识形态的吸引力，从而使其文化在意识形态领域的激烈竞争中获得优势。当前，西方发达国家的综合国力要强于其他发展中国家，因此，西方文化在文化全球化过程中处于强势地位。当代中国文化对外传播不会仅仅依靠我们自身的主动传播就能完成，更需要目标受众国民众的主动性接触和选择。对一个国家的文化或文化产品的主动性接触和选择是建立在一个国家强大的经济、科技和军事实力基础上的，只有不断增强国家的综合国力，才能在国际舞台上掌握更多的话语权，彰显中华文化的吸引力和影响力。

当代中国文化的对外传播，是要将自己的文化融入世界文化之中，在了解世界多样文化的同时，维护世界文化的多样性，而不是丢弃自己的文化或者用自己的文化覆盖别人的文化。世界文明所代表的是世界范围内所有文化的共同繁荣，每种文化都有权利保持它的本来面目。联合国教科文组织在《文化多样性与人类全面发展——世界文化与发展委员会报告》中说，文化多样性并不是意味着我们必须互相爱对方，或者争个你死我活，而是我们必须相互了解，并以这种认识与对方生活在同一个地球上。我们必须学会领会那些我们不能接受的东西。

当代中国文化的对外传播涉及"建构"与"解构"两个平行相关但不一定因果相承的过程。我们一方面要为自身"建构"新形象，树立新信念；另一方面，还要努力帮助国外受众"解构"旧印象，摒弃旧观念，这是艰难漫长的过程。

当代中国文化对外传播面临前所未有的战略机遇。我们应紧抓机遇，以高度的文化自觉、文化自信、文化自省和文化自新，让当代中国文化对外传播的步伐更稳健，足音更强劲，风采更久远，使我国尽快从文化资源大国向文化强国转变，不断增强中国文化在国际上的亲和力、感召力和影响力。

当代中国文化对外传播是一个充满挑战的领域，也是一个日新月异的领域，在当代中国文化对外传播中，要紧紧抓住国际社会中最核心的问题,传递出中国的经验、方法和价值。一方面让国际社会更加理解和正视中国,另一方面也用中国的思想为其他国家和民族的改革发展提供新的视角和思路。事实证明,只有当中国文化的对外传播是起于需求、终于互利的时候,文化对外传播过程才能成为文明互鉴的过程。

参考文献

(一) 经典著作

1. 《马克思恩格斯全集》(第2卷),人民出版社1957年版。
2. 《马克思恩格斯全集》(第3卷),人民出版社2002年版。
3. 《马克思恩格斯全集》(第40卷),人民出版社1982年版。
4. 《马克思恩格斯全集》(第42卷),人民出版社1979年版。
5. 《马克思恩格斯全集》(第49卷),人民出版社1982年版。
6. 《马克思恩格斯文集》(第1~10卷),人民出版社2009年版。
7. 《毛泽东选集》(第1~4卷),人民出版社1991年版。
8. 《毛泽东文集》(第8卷),人民出版社1999年版。
9. 《邓小平文选》(第2卷),人民出版社1994年版。
10. 《邓小平文选》(第3卷),人民出版社1993年版。
11. 《党的十九大报告辅导读本》,人民出版社2017年版。
12. 《习近平谈治国理政》,外文出版社2014年版。
13. 《习近平总书记系列重要讲话读本》,学习出版社2014年版。
14. 《习近平总书记系列重要讲话读本》,学习出版社2016年版。

(二) 专著

1. 钱均鹏、徐荣梅:《习近平总书记系列重要讲话精神学习辅导读本》,中国言实出版社2016年版。

2. 陈力丹：《精神交往论》，中国人民大学出版社 2008 年版。

3. 张岱年、方克立：《中国文化概论》，北京师范大学出版社 2004 年版。

4. 金元浦：《中国文化概论》，中国人民大学出版社 2007 年版。

5. 杨凤城：《中国共产党与当代中国文化发展研究》，中共党史出版社 2013 年版。

6. 张桂珍：《中国对外传播》，中国传媒大学出版社 2006 年版。

7. 沈苏儒：《对外传播的理论与实践》，五洲传播出版社 2004 年版。

8. 单波：《文化传播的问题与可能性》，武汉大学出版社 2010 年版。

9. 关世杰：《对外宣传策略的发展演变》，中国人民大学出版社 2004 年版。

10. 关世杰：《国际传播学》，北京大学出版社 2004 年版。

11. 胡学亮：《简明传播学》，知识产权出版社 2014 年版。

12. 张巨岩：《权力的声音：美国的媒体和战争》，三联书店 2004 年版。

13. 程曼丽、王维佳：《对外传播及其效果研究》，北京大学出版社 2011 年版。

14. 程曼丽：《国际传播学教程》，北京大学出版社 2006 年版。

15. 梁漱溟：《中国文化要义》，学林出版社 1987 年版。

16. 欧阳雪梅：《当代中国文化》，五洲传播出版社 2014 年版。

17. 李宗桂：《当代中国文化探讨》，花城出版社 2012 年版。

18. 孙鹤：《科学发展观与当代中国文化发展方略》，时事出版社 2013 年版。

19. 黄会林：《当代中国大众文化研究》，北京师范大学出版社 1998 年版。

20. 吴瑛：《文化对外传播：理论与战略》，上海交通大学出版社 2009 年版。

21. 侯迎忠、郭光华：《对外报道策略与技巧》，中国传媒大学出版社 2008 年版。

22. 王庚年：《国际传播发展战略》，中国传媒大学出版社 2011 年版。

23. 李宇：《中国电视国际化与对外传播》，中国传媒大学出版社 2010 年版。

24. 田智辉：《新媒体环境下的国际传播》，中国传媒大学出版社 2010 年版。

25. 马为公、罗青：《新媒体传播》，中国传媒大学出版社 2011 年版。

26. 刘建明：《舆论传播》，清华大学出版社 2001 年版。

27. 郑兴东：《受众心理与传媒引导》，新华出版社 1999 年版。

28. 孙隆基：《中国文化的深层结构》，广西师范大学出版社 2004 年版。

29. 李彬：《符号透视：传播内容的本体诠释》，上海复旦大学出版社 2003 年版。

30. 刘燕南、史利：《国际传播受众研究》，中国传媒大学出版社 2011 年版。

31. 刘双、于文秀：《跨文化传播——拆解文化的围墙》，黑龙江人民出版社 2000 年版。

32. 郭镇之：《全球化与文化间的传播》，北京广播学院出版社 2004 年版。

33. 李正良：《传播学原理》，中国传媒大学出版社 2007 年版。

34. 彭付芝：《中国传统文化概论》，北京航空航天大学出版社 2007 年版。

35. 蔡建国：《中华文化传播任务与方法》，上海人民出版社 2008 年版。

36. 李庆山、王萍：《当代中国文化 1000 问》，北京工业大学出版社 1970 年版。

37. 李智：《文化外交：一种传播学的解读》，北京大学出版社 2005 年版。

38. 陈卫星：《传播的观念》，人民出版社 2004 年版。

39. 庄晓东：《文化传播：历史、理论与现实》，人民出版社 2003 年版。

40. 孟建：《图像时代：视觉文化传播的理论诠释》，复旦大学出版社 2005 年版。

41. [美] 叶海亚·R. 伽摩利珀著，尹宏毅译：《全球传播》，清华大学出版社 2008 年版。

42. [法] 阿芒·马特拉著，陈卫星译：《世界传播与文化霸权》，中央编译出版社 2001 年版。

43. [英] 丹尼斯·麦奎尔著，刘燕南等译：《受众分析》，中国人民大学出版社 2006 年版。

44. [美] 拉里·萨默瓦著，闵惠泉等译：《跨文化传播》，人民大学出版社 2004 年版。

45. [美] 哈罗德·D. 拉斯韦尔著，张洁、田青译：《世界大战中的宣传技巧》，中国人民大学出版社 2003 年版。

46. [美] 洛厄里·德弗勒著，刘海龙等译：《大众传播效果研究的里程碑》，中国人民大学出版社 2009 年版。

47. [美] E. M. 罗杰斯著，殷晓蓉译：《传播学史：一种传记式的方法》，上海译文出版社 2012 年版。

48. [美] 彼得斯著，何道宽译：《交流的无奈——传播思想史》，华夏出版社 2003 年版。

49. [美] 麦库姆斯著，郭镇之、徐培喜译：《议程设置：大众媒介与舆论》，北京大学出版社 2008 年版。

50. [加拿大] 马修·弗雷泽著，刘满贵等译：《软实力：美国电影、流行乐、电视和快餐的全球统治》，新华出版社 2006 年版。

51. [美] 特里·K. 甘布尔、迈克尔·甘布尔著，熊婷婷译:《有效传播》,清华大学出版社2005年版。

52. [美]拉里·A. 萨默瓦、理查德·E. 波特著,闵惠泉译:《跨文化传播》,中国人民大学出版社2010年版。

53. [美]威尔伯·施拉姆等著,何道宽译:《传播学概论》,中国人民大学出版社2010年版。

54. [美]沃纳·赛佛林、小詹姆斯·坦卡德著,郭镇之等译:《传播理论:起源、方法与应用》,华夏出版社1999年版。

55. Joseph Nye. The Challenge of Soft Power. Time Magazine, Feb. 22, 1999.

56. Chaves. Jonathan. The Wisdom and Beauty of Traditional Chinese Culture. Journal of Chemical Theory and Computation, 2007, No. 3 – 4, Vol. 33.

(三) 期刊

1. 周红蕾、屈彩霞:《大众传媒不同载体对文化传播的影响与对策研究》,载于《传媒》2015年第13期。

2. 杨军等:《全面认识儒学及儒家文化》,载于《思想理论教育导刊》2010年第12期。

3. 廖华英、鲁强:《基于文化共性的中国文化对外传播策略研究》,载于《东华理工大学学报》(社会科学版)2010年第2期。

4. 侯斌:《从"5W模式"看中华文化的对外传播》,载于《新闻世界》2014年第1期。

5. 龙小农:《从国际传播技术范式变迁看我国国际话语权提升的战略选择》,载于《现代传播》2012年第5期。

6. 刘琛:《美国媒体视角下的中国形象》,载于《对外传播》2012年第6期。

7. 周勇、张雅佼等:《电影框架与大国形象建构》,载于《现代传播》2012年第3期。

8. 郑天亮:《华人形象塑造与中国文化软实力建设》,载于《新闻战线》2012年第10期。

9. 张结海、曲玉萍等：《西方视野下的中国人形象测量研究》，载于《现代传播》2012年第2期。

10. 赵启正：《公共外交和公共关系殊途同归》，载于《国际公关》2012年第4期。

11. 叶皓：《公共外交与国际传播》，载于《现代传播》2012年第6期。

12. 周黎明：《中国文化走出去的薄弱环节》，载于《对外传播》2014年第3期。

13. 许静：《论公共外交中的国家品牌化策略传播》，载于《南京社会科学》2012年第6期。

14. 吴瑛：《中国文化对外传播效果研究》，载于《浙江社会科学》2012年第4期。

15. 王晨：《向世界客观说明中国》，载于《人民日报（海外版）》2012年9月29日。

16. 关世杰：《中国文化软实力：在美国的现状与思考》，载于《国外社会科学》2012年第5期。

17. 齐勇锋、蒋多：《中国文化走出去战略的内涵和模式探讨》，载于《东岳论丛》2010年第10期。

18. 祁述裕：《当前文化建设的几个重点难点问题》，载于《行政管理改革》2013年第1期。

19. 覃洁贞：《从世界格局看中国文化产业的发展》，载于《学术交流》2014年第3期。

20. 严三九、武志勇等：《论具现代与普世价值的中华文化价值理念及其国际传播（下）》，载于《文化与传播》2014年第2期。